…るかな？〈スポーツ編《へん》〉

…カナ語には、英語ではないものがまじっています。それはどれでしょう。

〈ポジション position〉

フォワード　forward
ミッドフィルダー　midfielder
ディフェンダー　defender
リベロ　libero
ゴールキーパー　goalkeeper

英語《えいご》はもっとも多くの国で使われている言葉です

英《えい》語《ご》をさがそう

town

station

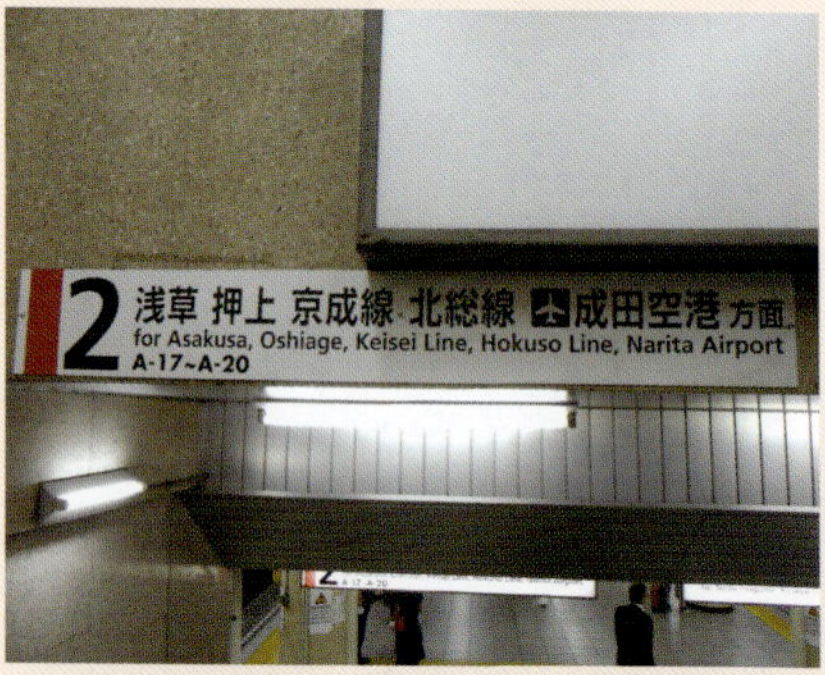

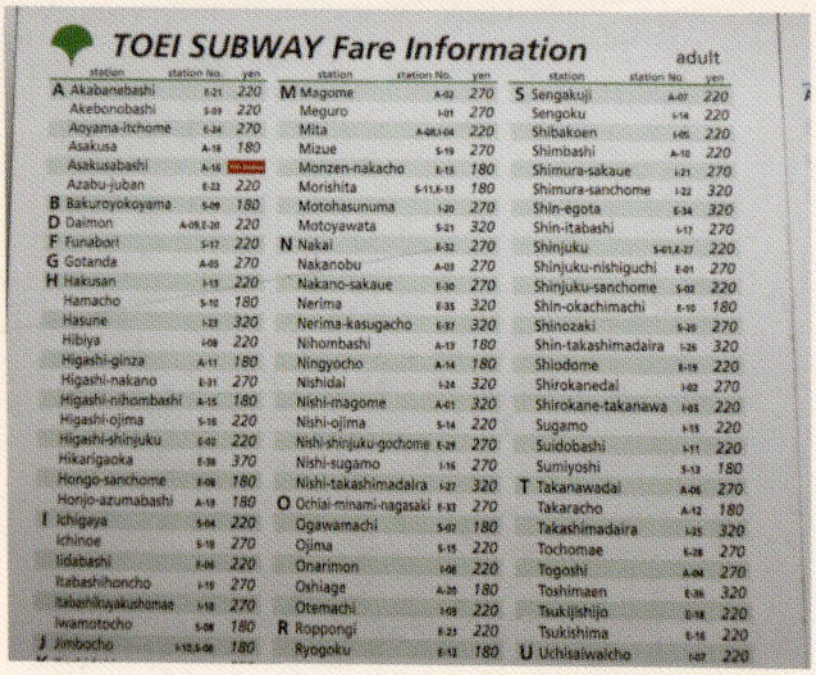

身の回りにある

sightseeing-area

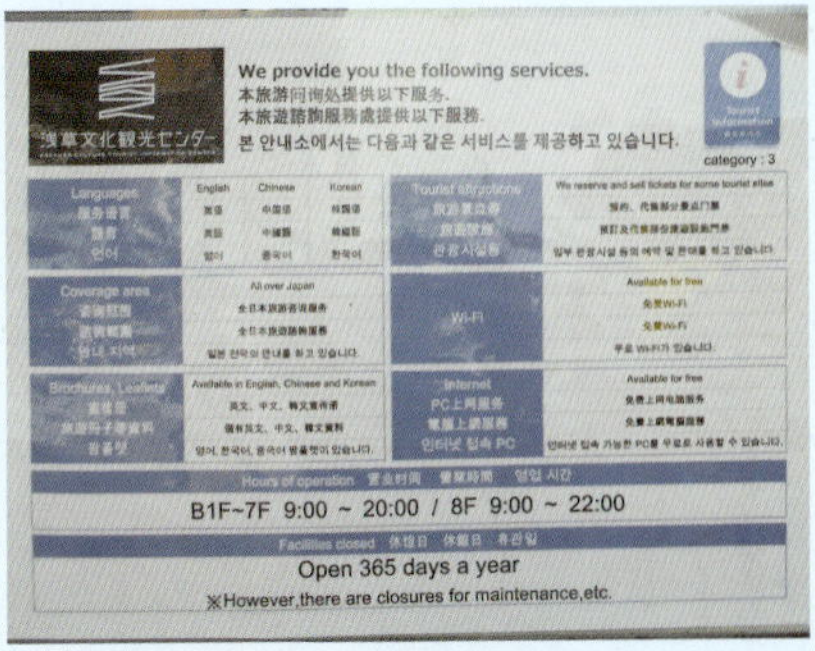

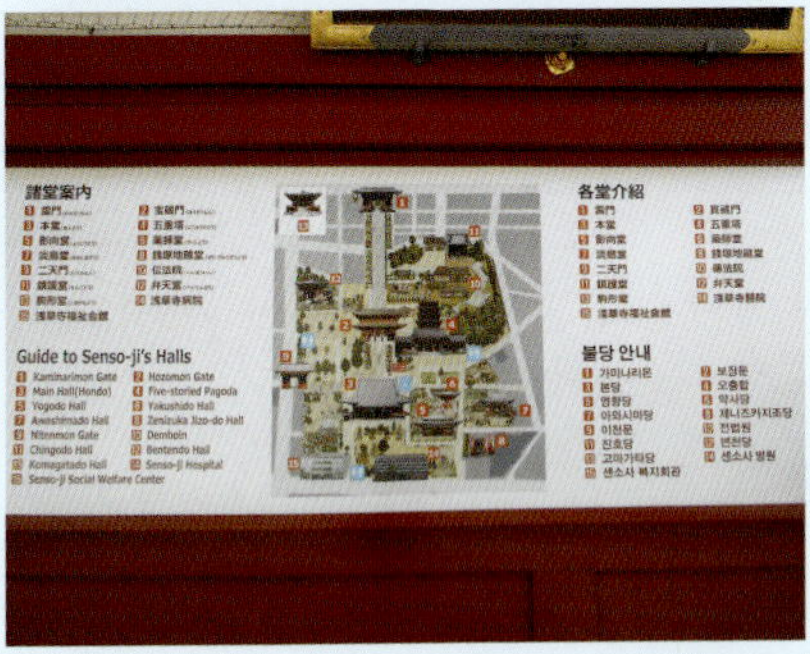

増《ふ》え続《つづ》ける外国人観光客《かんこうきゃく》

英語《えいご》を話す機会《きかい》も増えるかも!?

ちしきのもり

英語でわかる！ 日本・世界

松本 美江

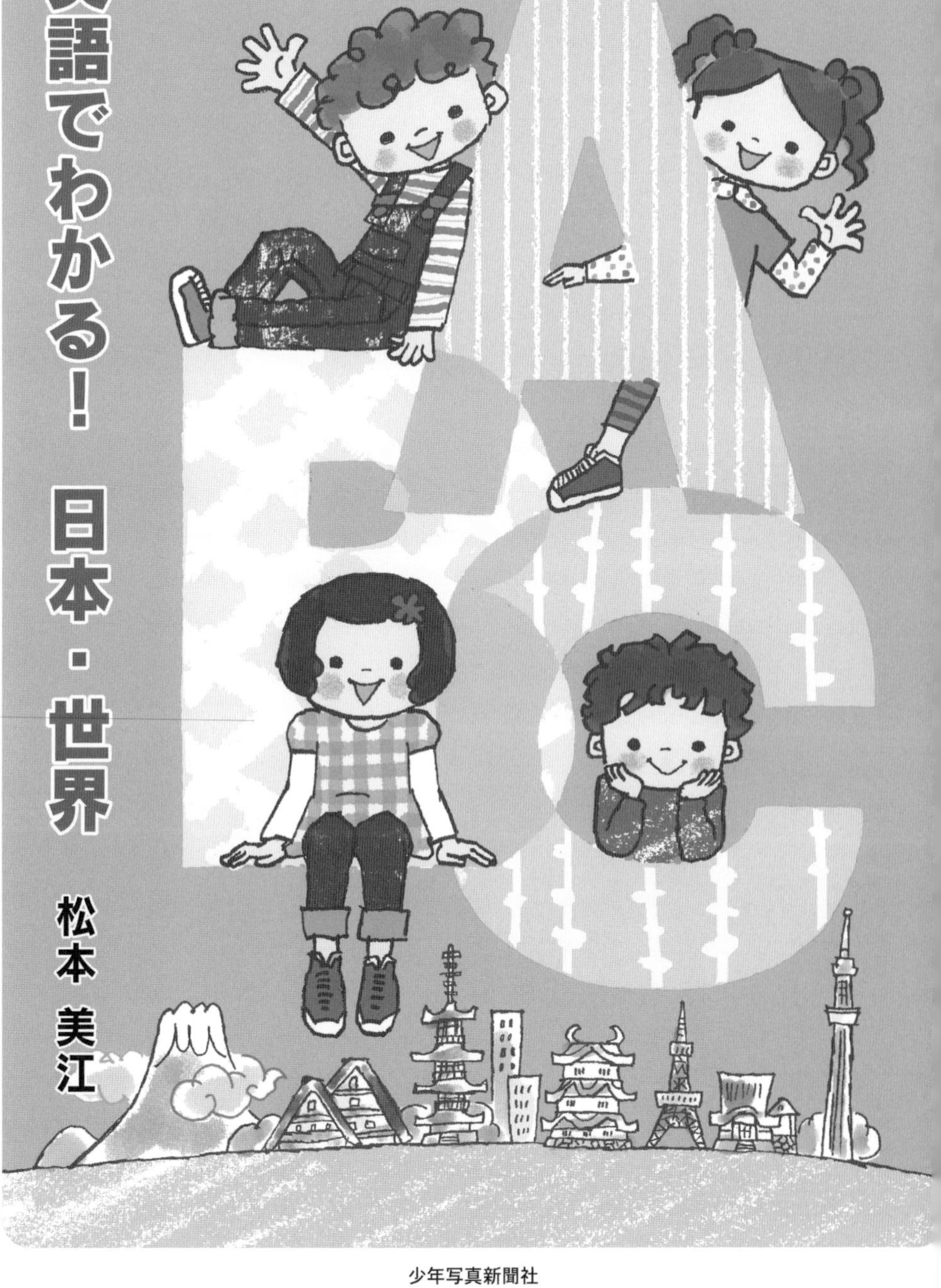

少年写真新聞社

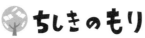

はじめに

みなさんは、英語《えいご》をどれだけ知っていますか？　今では小学校でも英語に親しむ授業《じゅぎょう》があると聞いていますし、アメリカやイギリスの歌や映画《えいが》が好《す》きな人もいると思いますので、きっと英語に興味《きょうみ》を持っている人たちも多いのではないかと思います。

また、みなさんが毎日使っている商品の多くに、外国語の名前がついていることにも気がついているかもしれません。「ノート」や「ペン」、「ボール」や「バット」も英語です。電車の駅や町の道路の標識《ひょうしき》、案内板《あんないばん》にも、日本語と一緒《いっしょ》に英語が書かれているものが増《ふ》えてきています。

それに最近《さいきん》では外国からの観光客《かんこうきゃく》も、東京や京都のような有名観光地だけではなく、日本の至《いた》るところを訪《おとず》れるようになっていますから、きっとみなさんの地元の観光地や繁華街《はんかがい》などで、外国人を見かけることも多くなっていると思います。

そんなとき、その人たちがみなさんの町のなにに関心《かんしん》を持ち、なにを知りたがっているのか気になりませんか？　英語が話せたら、もっといろいろと教えてあげられるのにと思った人もいるでしょう。

私《わたし》は日本を訪れる外国の人たちに、英語で日本を案内し、紹介《しょうかい》する仕事をしていますが、この仕事を選《えら》んだのは、大学生のころに、そんな気持ちを抱《いだ》いていたからなのです。

この本では、私が仕事で出会った外国の人たちが、言葉だけでなく習慣《しゅうかん》もまったく違《ちが》う日本でどのような体験《たいけん》をし、どういう印象《いんしょう》を持ったかを紹介しています。そして、この本を通して、みなさんに、外国語を学ぶとなにができるのか、どんな違う世界が見えてくるのか、そしてそれがどんな喜《よろこ》びを与《あた》えてくれるのかをお伝《つた》えできれば、とてもうれしく思います。

もくじ

第1章

私《わたし》の仕事を紹《しょう》介《かい》します

1　三十年やってもあきない仕事

私《わたし》の仕事は、「通訳《つうやく》ガイド」です。正式な名前は「通訳案内士《あんないし》」といいます。たぶんほとんどのみなさんが、あまり耳にしたことのない仕事ではないかと思います。「通訳ガイド」とは、つまり「外国語で、外国からのお客様に日本をガイドする仕事」と言ったら想像《そうぞう》がつくかもしれません。

けれども、

「通訳ガイドの仕事をしています」

と自己紹介《じこしょうかい》すると、

「ああ、通訳さんですか?」

と聞かれることがよくあります。でも実は、「通訳ガイド」と「通訳」とはだいぶ違《ちが》う仕事です。通訳は外国人の話の内容《ないよう》をそのまま変《か》えずに日本語にしたり、逆《ぎゃく》に日本語を外国語に翻訳《ほんやく》したりして話す仕事ですが、通訳ガイドは誰《だれ》かの話を訳《やく》すのではなく、外国人と一緒《いっしょ》に日本を旅しながら、日本の様ざまなことを自分の言葉で説明《せつめい》する仕事なのです。ですから、英語《えいご》が話せるだけでなく、日本の歴史《れきし》や文化についての知識《ちしき》を持ち、彼《かれ》らの質問《しつもん》に答えることができなければなりません。

この章では、実際《じっさい》どんなふうに仕事をしているかをご紹介《しょうかい》しましょう。

ようこそ、日本へ！

まず、仕事の注文の多くは旅行会社から入ります。先に依頼主《いらいぬし》の名前、年《ねん》齢《れい》、国籍《こくせき》、それに宿泊《しゅくはく》するホテルや希望《きぼう》する訪問地《ほうもんち》などの情報《じょうほう》を受け取ります。そしてほとんどの場合、海外から到着《とうちゃく》するお客様を成田《なりた》空港でお出迎《でむか》えすることから、私の仕事は始まります。

空港の到着《とうちゃく》ターミナルで、お客様の名前を書いたサインボードを持って、彼《かれ》らが私《わたし》に気づいてくれるのを待つのですが、この時間はとても緊張《きんちょう》します。どんな方が来るのか？　ちゃんと飛行機《ひこうき》に乗ったのだろうか？　ドキドキしながら、それらしい外国人が到着出口から出てくるのをじっと待っていると、

「ガイドのヨシさん？」

と声をかけられます。

「はい、そうです！　ようこそ日本へいらっしゃいました。お待ちしていました」

私が答えると、お客様もほっとした顔になります。そこから私のツアーが始まるのです。

まずは空港でお出迎《でむか》え

外国人に人気のゴールデンルートって？

日本で、外国人観光客《かんこうきゃく》に一番人気のある旅行コースは、成田《なりた》空港～東京～箱根《はこね》～京都～関西国際《かんさいこくさい》空港の順《じゅん》で約《やく》一週間かけて回る「ゴールデンルート」といわれているものです。このほか、鎌倉《かまくら》や日光、高山、金沢《かなざわ》、それに広島も人気の高い訪問地《ほうもんち》になります。また、リピーターと呼《よ》ばれる日本再《さい》訪問の方の中には、これまであまり外国人が行かなかった地方に行く人たちも増《ふ》えてきています。

ゴールデンルートの場合、東京が最初《さいしょ》の訪問地となり、通常《つうじょう》二日間くらい滞在《たいざい》します。ですから、まずは東京観光でお客様に喜《よろこ》んでいただけるかどうかがツアー成功《せいこう》のカギになります。

東京で外国人に一番人気のある観光地はどこか、知っていますか？

いろいろと有名な観光地がある中で、一番喜ばれるところは、明治神宮《めいじじんぐう》というところです。みなさんは行ったことがありますか? ここは明治天皇《てんのう》が祭られている神社ですから、京都や奈良《なら》にある神社などと違《ちが》って歴史的《れきしてき》には新しい神社で、日本中から持ち寄《よ》られた約十二万本の木に囲《かこ》まれています。その森の中に建《た》てられた、木造《もくぞう》の鳥居《とりい》や本殿《ほんでん》が持つ独特《どくとく》の神聖《しんせい》な雰囲気《ふんいき》が、外国人にはとても喜ばれるのです。よく、

「ここへ来てやっと日本へ来たという実感がわいた」

などと言われます。

そして、東京の中心に広大な敷地《しきち》を持ち、天皇陛下《へいか》のお住まいである皇居《こうきょ》も、外国のお客様の関心《かんしん》の的《まと》です。皇居は特別《とくべつ》なとき以外《いがい》は中に入れませんが、かつて江戸城《えどじょう》だったところが明治天皇の時代から皇居になったという歴史の説明《せつめい》をしながら、江戸城のなごりのやぐら、門、そして堀《ほり》に囲《かこ》まれた古びた石垣《いしがき》を見学する散策《さんさく》は、とても人気があります。

雄大《ゆうだい》な自然《しぜん》や海の幸が楽しめる北海道
伝統工芸《でんとうこうげい》が盛《さか》んな
城下町《じょうかまち》、金沢《かなざわ》
古い町並《まちな》みや北アルプスの
景色《けしき》が美しい飛騨《ひだ》高山
大迫力《だいはくりょく》のねぶた祭り、青森
森に囲《かこ》まれ、神聖《しんせい》な
雰囲気《ふんいき》の岩手県《いわてけん》・平泉《ひらいずみ》
華厳滝《けごんのたき》や東照宮《とうしょうぐう》で
有名な日光
流行や経済《けいざい》の中心地、東京
ールデンルート
富士山《ふじさん》を見ながら温泉《おんせん》を楽しめる箱根《はこね》
都と並ぶ、国宝《こくほう》や
化財《かざい》の宝庫《ほうこ》、奈良《なら》

人気の観光地《かんこうち》いろいろ

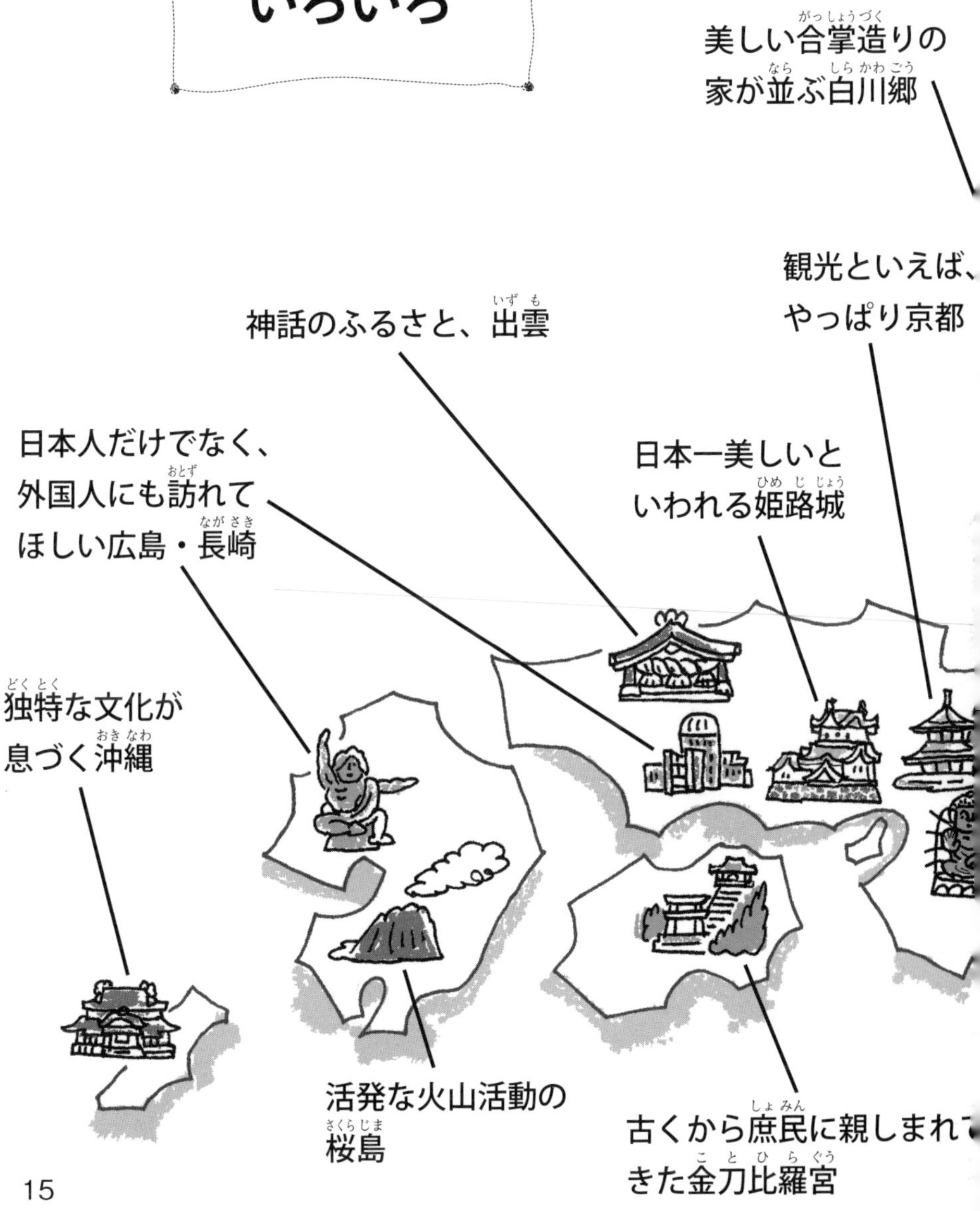

それから、なんといってもお客様が一番興奮《こうふん》されるのが、日本のお土産《みやげ》を売る店がずらりと並《なら》んだ仲見世《なかみせ》のある浅草寺《せんそうじ》です。外国人には写真を撮《と》らずにはいられない魅力《みりょく》があり、東京観光《かんこう》のコースに欠《か》かすことのできない観光地なのです。うっかりすると、ここで家族へのお土産探《さが》しや写真撮影《さつえい》に夢中《むちゅう》になって、ツアーの集合時間を忘《わす》れてしまう人もいるほどです。

近年、こうした日本的な場所と同じくらい人気があるのが、クールな東京の新名所です。六本木ヒルズや新宿の東京都庁《とちょう》は、とても人気があります。六本木ヒルズなどの展望台《てんぼうだい》から東京を一望《いちぼう》すると、東京が世界のどの大都市《だいとし》よりも広がりのある都市だとわかる、という感想を耳にします。ニューヨークやパリも大都市ですが、東京のように複数《ふくすう》の繁華街《はんかがい》がある街《まち》は少ないのだそうです。

また若者《わかもの》のファッションで有名な原宿や渋谷《しぶや》、未来《みらい》都市のようなお台場、

明治神宮《めいじじんぐう》の神聖《しんせい》な雰囲気《ふんいき》に感動

若者ファッションの街・原宿をエンジョイ

それに電気街《がい》からオタクタウンに変化《へんか》しつつある秋葉原《あきはばら》も、日本のアニメやゲームに親しんで育った世代の外国人に、とても喜《よろこ》ばれる新名所です。

東京観光《かんこう》のあとは、ほとんどの外国人観光客があこがれの京都に向かうのですが、この途中《とちゅう》で、先ほど紹介《しょうかい》したゴールデンルートの箱根《はこね》、そして富士《ふじ》山《さん》を観光するというのが一番人気のあるコースになります。

箱根で私《わたし》たちガイドが一番気をもむのが、富士山が見えるかどうかです。富士山のことは、ほぼ一〇〇パーセントの外国人がよく知っていて、日本で一番見たいもののひとつです。ですからガイドは、富士山が見える可能性《かのうせい》のある場所をバスが通るときには、少しでも見えたら知らせようと、じっと目をこらしています。そして、一瞬《いっしゅん》でも富士山が見えたら、ドライバーさんにお願《ねが》いしてバスを止め、写真撮影《さつえい》の時間を取ってもらうようにしています。

新幹線《しんかんせん》に乗って移動《いどう》しているときも、運よく富士山が見えたときには全員に知らせ、写真を撮《と》り逃《のが》さないように気をつかいます。富士山を初《はじ》めて見た

富士山は偉大《いだい》です

お客様は大喜《おおよろこ》びで歓声《かんせい》をあげますので、同じ新幹線《しんかんせん》に乗っている日本人も、それを見て誇《ほこ》らしそうな表情《ひょうじょう》になり、外国人に「どこから来たのですか？」と声をかけて会話が始まることもあります。富士山《ふじさん》の力は偉大《いだい》だなといつも感じています。

このように外国人のお客様と喜びをともに感じ、旅先で出会った日本人と親しめるようにすることも、通訳《つうやく》ガイドの大切な仕事なのです。

習慣《しゅうかん》の違《ちが》いに心を配る

そして、いよいよ京都に到着《とうちゃく》です。実は、京都駅で新幹線を降《お》りると、お客様は一瞬《いっしゅん》意外そうな表情をされることがあります。なぜだろうと考えて思いついたのは、きっと彼《かれ》らのイメージの中の古都・京都と、巨大《きょだい》で近代的《きんだいてき》な京都駅が少し違《ちが》っていたのではないか、ということです。京都はまるで時代《じだい》劇《げき》に出てくるような街《まち》だと想像《そうぞう》していたのかもしれません。そこで私は、あらかじめお客様に「京都は千年の歴史《れきし》のある町ですが、駅や繁華街《はんかがい》は東京と同じくらいモダンなところなのです」と説明《せつめい》して、心の準備《じゅんび》をしていただくようにしています。

新幹線を降りたら、バスやハイヤーにお連《つ》れします。団体《だんたい》の場合は、大型《おおがた》バスを貸《か》し切りで使いますので、通訳ガイドは一人で四十人もの外国人を案《あん》内《ない》することもあります。ご家族やご夫婦《ふうふ》だけの個人《こじん》のお客様の場合は、ハイヤーやタクシー、時には乗合バスや電車を使うこともあります。通訳ガイドの仕事は、観光地《かんこうち》に着いてからその説明をするだけではありません。バスや車の中で、これから訪《おとず》れる観光地の歴史や見どころを話すことも、大切な仕事です。実は外国人は、バスや車の窓《まど》から見える景色《けしき》にとても関心《かんしん》を持ち、たくさんの質問《しつもん》をします。一番よく聞かれるのが、「なぜこんなに街が清潔《せいけつ》なの?」ということです。この本のあとの章でもくわしく紹介《しょうかい》しますが、外国人は自分の国の様子と日本を比《くら》べて観察《かんさつ》するので、こうした質問に対する答えを考えることが、私《わたし》にとっても日本のことを再発見《さいはっけん》することにつながり、とても興味《きょうみ》深いのです。

観光地《かんこうち》では、お寺や神社、それにお城《しろ》などを訪問《ほうもん》することが多いのですが、外国人の場合、それがいつ誰《だれ》によって建《た》てられたのかということよりも、どうしてこのような建物《たてもの》が建てられたのか、歴史的《れきしてき》にどんな意味があるのかということのほうに関心《かんしん》を持つ人が多いようです。また、日本人なら誰でも知っているお寺と神社の違《ちが》いやショーグンやサムライなどについても、一から説《せつ》明《めい》する必要《ひつよう》があります。ですから通訳《つうやく》ガイドは、日本人向け観光バスのガイドさんの説明とはかなり違う内容《ないよう》の話をします。たとえば京都で有名な金閣《きんかく》寺《じ》に行くと、日本人には「室町《むろまち》時代、足利《あしかが》三代将軍義満《しょうぐんよしみつ》が一三九七年に建てた建物です」といった話から始めますが、外国人の場合は、まず室町時代がどういう時代だったのか？　ショーグンとはどういう立場の人だったのか？

京都で外国人に人気の観光地

千本鳥居《とりい》で有名な伏見稲荷《ふしみいなり》

神秘的《しんぴてき》な美しさの金閣寺

いつも観光客でにぎわっている清水寺《きよみずでら》

ということから説明《せつめい》をしていく必要《ひつよう》があるのです。

観光《かんこう》中の食事のときにも、気をつけないといけないことがあります。それは、お客様が信仰《しんこう》している宗教《しゅうきょう》によって、食べてはいけないものがあるからです。世界で、キリスト教に次いで多いイスラム教の信者《しんじゃ》の場合は特《とく》に気をつかいます。イスラム教では、豚肉《ぶたにく》を食べてはいけないことになっていて、アルコールも禁止《きんし》されているので、スープに豚肉を使っているラーメンや、味付《あじつ》けにお酒、みりんを使っている煮物《にもの》なども食べられません。宗教で禁《きん》じられている食べ物がない日本人には想像《そうぞう》するのが難《むずか》しいことですが、本人にとっては重大なことですから、十分に気をつける必要があります。

そして、観光を終えると、その日の宿泊先《しゅくはくさき》のホテルや旅館に案内《あんない》します。ホテルの場合は、特別《とくべつ》な説明をする必要はないのですが、旅館に泊《と》まるときには、ホテルとの違《ちが》いや、畳《たたみ》の部屋やお風呂《ふろ》の使い方などを事前に説明しなくてはなりません。旅館では、部屋の鍵《かぎ》が自動でかからないことが多いこと、

部屋に入るときは靴《くつ》を脱《ぬ》ぐこと、ベッドは置《お》いてないが就寝時《しゅうしんじ》には畳《たたみ》に布団《ふとん》を敷《し》いてもらえること、お風呂《ふろ》では浴槽《よくそう》の中で石けんを使わないことなど、私《わたし》たちには当たり前でも、初《はじ》めて訪《おとず》れた外国人は、知らないと戸惑《とまど》ってしまうことがたくさんあります。

みなさんも、もしも外国人の友だちが家に来たとしたら、どんなことに困《こま》るか、なにを教えてあげると喜《よろこ》ばれるかを想像《そうぞう》してみてください。靴を脱ぐことなどは、私たちにとっては自然《しぜん》なことですが、その習慣《しゅうかん》のない外国人にとっては、どこで脱げばいいのかも判断《はんだん》に困る大変《たいへん》な体験《たいけん》のようです。

ここまで、私の仕事を紹介《しょうかい》しましたが、みなさんはどう思ったでしょうか。いろいろなことに気をつかうので「大変そう」と思った人もいると思います。外国人から、これまで考えてみたこともないことを聞かれることを、「おもしろそう」と思った人もいるかもしれません。

私はこの仕事に就《つ》いてから、三十年以上《いじょう》になります。日本のほとんどの地方にお客様を案内《あんない》していますから、きっとみなさんの住んでいる地域《ちいき》にも行ったことがあると思います。

「もうなんでも知っているベテランですね」

と言われることが多いのですが、実は今でも新しいお客様に会うときには緊張《きんちょう》しますし、会う直前までその日に案内する場所のことを勉強しています。

「今日のお客様はどんな方だろう？　日本のなにに興味《きょうみ》を持っているのだろう？　どこにお連《つ》れしたら喜んでいただけるだろう？」

と、様ざまな想像をふくらませながら、毎回準備《じゅんび》をしています。ですから三十年以上やってもあきたと思ったことがありません。毎日新しい情報《じょうほう》や知っておきたいことができてくるので、あきているひまがなかったと言ってもいいかもしれません。そして彼《かれ》らが見たかったこと、体験したかったことを無事《ぶじ》に紹介できて、日本を発つときに、

「あなたと旅をしてもっと日本が好《す》きになったわ。また絶対《ぜったい》来るからそのときもガイドをしてね」

などと言っていただけたときには、この仕事をしていて本当によかったと感じます。

一度に40人以上《いじょう》のお客様を案内《あんない》することも

体験《たいけん》ツアーも大人気（写真は茶道《さどう》体験）

2　この仕事との出合い

あこがれの仕事

私《わたし》がこの仕事のことを初《はじ》めて知ったのは、大学時代のことです。歴史《れきし》が大《だい》好《す》きで、高校時代から時どき京都旅行に行っていた私は、京都にある大学に進学しました。長い間の夢《ゆめ》だった京都生活が始まって、休日や授業《じゅぎょう》のあとなどに毎日のように友人たちと京都のお寺や庭園を訪《おとず》れていました。そこで私は、出身地の小田原ではほとんど出会うことのなかった、たくさんの外国人観光客《かんこうきゃく》を目にするようになりました。そしてある日、清水寺《きよみずでら》で、外国人観光客の団体《だんたい》に対して、どうどうと英語《えいご》で説明《せつめい》をしているガイドらしき日本人を目にしたのです。そして、それが通訳《つうやく》ガイドという仕事だと友人に教えられて以来《いらい》、私のひそかな夢の仕事になりました。

「ひそかな」というのは、実はその当時の私《わたし》の英会話力《えいかいわりょく》では、とうていなれっこない仕事だったからです。歴史《れきし》や地理同様に英語《えいご》も私の大好《だいす》きな科目でしたが、当時の私は外国人とほとんど話したこともなく、字幕《じまく》なしでは英語のセリフも聞き取れない、そんなレベルの英語力しかありませんでした。ですから、語学の唯一《ゆいいつ》の国家試験《しけん》であり、大学生ではほとんど合格《ごうかく》する人がいないと聞いていた「通訳《つうやく》ガイド試験」を受験《じゅけん》して通訳ガイドになりたい、などとは、恥《は》ずかしくて、口に出して言うことができませんでした。

秘密《ひみつ》の猛《もう》勉強開始

通訳ガイドは到底無理《とうていむり》とあきらめていましたが、それでもやはり清水寺《きよみずでら》で見た通訳ガイドの姿《すがた》が忘《わす》れられなくなった私は、「どうしても英語を話せるようになりたい！」と決心し、親友にも相談せずに英会話学校に通うことを決めました。そこではショックな出来事がありました。なんと最初《さいしょ》のクラス分けテストで、予想《よそう》していたよりもずっと下のクラスになってしまったのです。それまで私は、ガイドは無理でも、学校の英語は得意《とくい》だと思っていたのですが、外国人が話す英語の聞き取りが想像以上《そうぞういじょう》にできなかったのです。

「中学や高校で学んだことはなんだったのか？」

と、尊敬《そんけい》していた、中学や高校の英語の先生方への不信感《ふしんかん》すら持つようになりました。

それからは毎週二回、大学の授業《じゅぎょう》が終わったあとに、英会話学校での勉強に必死《ひっし》で取り組みました。するとうれしいことに、想像したよりもずっと早く、聞き取りや会話もできるようになり、クラスメートにも驚《おどろ》かれるようになりました。

このときわかったことは、基本《きほん》の聞き取りや発音ができるようになると、一度は無駄《むだ》だと思った高校までの英語の基礎《きそ》勉強が役に立つということでした。かんたんなあいさつや自己紹介《じこしょうかい》レベルでは必要《ひつよう》ないと思った英語の単語《たんご》や文法《ぶんぽう》の知識《ちしき》は、中級レベルになると絶対《ぜったい》に必要《ひつよう》になるのです。そして、それまで不信感《ふしんかん》がめばえそうになっていた、高校までの英語《えいご》の先生方に対しても、また感謝《かんしゃ》の気持ちを持てるようになりました。

やっぱり通訳《つうやく》ガイドになりたい!

大学卒業後《そつぎょうご》は、東京のホテルに勤務《きんむ》することになりました。まだ通訳ガイドになることは考えていませんでした。しかし、そこでまた私《わたし》は、あこがれの通訳ガイドの姿《すがた》を見ることになったのです。ホテルでフロントの担当《たんとう》になった私は、英語を使って、外国人のお客様のレストランの予約《よやく》をしたり、地図を見せながら東京案内《あんない》をしたりする仕事をしていました。そこでひんぱんに見かけるようになったのが、あの通訳ガイドさんたちだったのです。ホテルのロビーで外国人のグループに囲《かこ》まれた通訳ガイドが、みんなを率《ひき》いてホテルを出ていく姿を毎日のように見ているうちに、

「ああ、私もこの狭《せま》いカウンターの外へ出て、思い切り東京中を案内してみたい」

と強く思うようになりました。そこでついに私は、思い切って退職《たいしょく》して、アメリカに語学留学《りゅうがく》をすることを決めました。

アメリカ留学と通訳ガイド試験合格《しけんごうかく》

大学時代のアルバイトと就職《しゅうしょく》してからの貯金《ちょきん》を使って、私はカリフォルニアへ語学留学のために旅立ちました。六か月間、大学で語学研修《けんしゅう》を受けたあと、学校の紹介《しょうかい》でホームステイもしました。バスに乗り三日かかってようやくたどり着いたホームステイ先のバスの停車場《ていしゃじょう》には、見るからに優《やさ》しそうなご夫《ふう》婦《ふ》が待ち構《かま》えていました。ご夫婦は私がバスを降《お》りるなり駆《か》け寄《よ》ってきて、

「遠くからよく来たね。私たちもずっと楽しみに待っていたよ！」

と私の両手を握《にぎ》りしめました。その手の温かさに、見ず知らずの町で見ず

知らずのご家族の世話になることの不安な気持ちが一瞬《いっしゅん》で消えていきました。このご夫婦《ふうふ》は、私《わたし》を毎日のように親戚《しんせき》や近所の人たちのところに連《つ》れていってくれたり、学校では習わなかった英語《えいご》の慣用句《かんようく》の個人《こじん》レッスンをしてくれたりしました。ほんとうに忘《わす》れられない経験《けいけん》です。

ホームステイのあと、再《ふたた》びカリフォルニアに戻《もど》り、大学で勉強を続《つづ》けた私は、一年半後に帰国しました。到底無理《とうていむり》だとあきらめていたガイド試験《しけん》に初《はじ》めて挑戦《ちょうせん》し、運よく合格《ごうかく》することができたのは、アメリカでたくさんの親切な人たちに助けていただいたからです。この留学期間《りゅうがくきかん》に出会った多くのアメリカ人が外国人の私を受け入れて親切にしてくれ、自分の街《まち》や文化を紹介《しょうかい》してくれたことには、今でも感謝《かんしゃ》しています。

そしてこのとき、日本についてたくさんの質問《しつもん》を受けながらなかなか思うように答えられなかったもどかしい経験は、「いつかきちんと日本を説明《せつめい》できる通訳《つうやく》ガイドになって、外国のお客様に喜《よろこ》んでいただきたい」、「日本を好《す》

親友のウェンディと（コロラド大学留学時代）

ホームステイ先のご夫婦と（アラバマ）

きになってもらいたい」という、私《わたし》の決意を固《かた》めてくれたのでした。

通訳《つうやく》ガイドになるには？

それではここで、通訳ガイド試験《しけん》とはどういうものなのかをかんたんに紹《しょう》介《かい》しましょう。

通訳ガイド試験は、正式には「通訳案内士《あんないし》試験」という国家試験で、年に一回行われています。合格《ごうかく》するためには、一次試験と二次試験があり、一次試験は外国語の筆記《ひっき》試験と、日本語での日本地理・歴史《れきし》・一般常識《いっぱんじょうしき》の筆記試験の二種類《しゅるい》です。これに合格した人が、二次試験を受験《じゅけん》することができます。

二次試験は、外国語での面接《めんせつ》試験で、かんたんな通訳ができるかどうか、そして日本のことを外国語で説明《せつめい》できるかどうかが試《ため》されます。この二次試験に合格すると、通訳案内士として登録《とうろく》することができ、ガイドの仕事をすることができるのです。

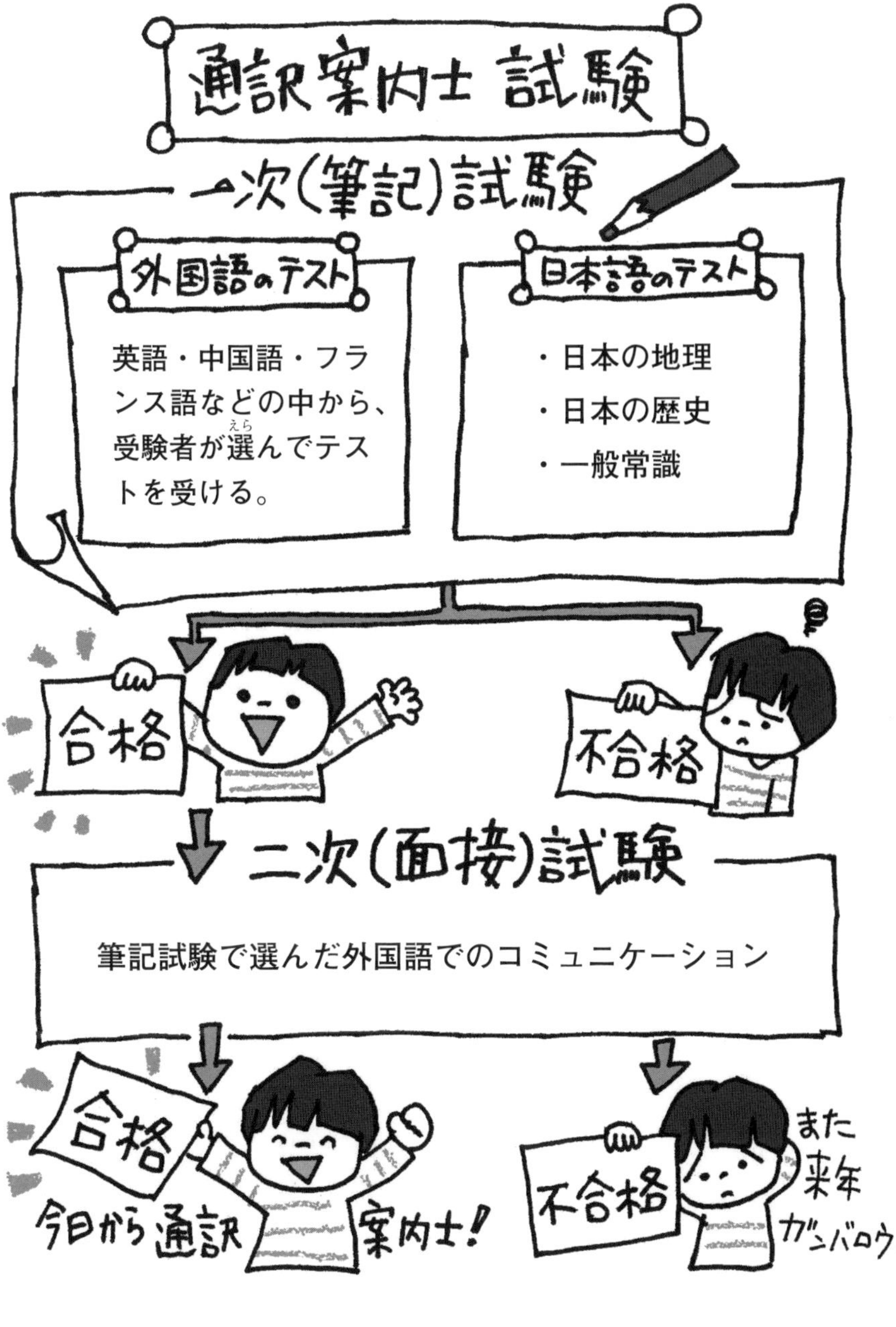
通訳案内士 試験
一次(筆記)試験
外国語のテスト
英語・中国語・フランス語などの中から、受験者が選《えら》んでテストを受ける。
日本語のテスト
・日本の地理
・日本の歴史
・一般常識
合格
不合格
二次(面接)試験
筆記試験で選んだ外国語でのコミュニケーション
合格
今日から通訳案内士!
不合格
また来年ガンバロウ..

3　思い出に残《のこ》るお客様と様ざまなツアー

初《はじ》めてのお客様

　どのツアーにも様ざまな思い出があります。中でも通訳《つうやく》ガイドになって初めて案内《あんない》した方がたのことは、今でも強く印象《いんしょう》に残っています。

試験《しけん》に合格《ごうかく》してすぐに東京都内の定期観光《かんこう》バスの英語《えいご》ガイドの仕事を得《え》た私《わたし》でしたが、住まいが小田原、大学も京都だったため、ほとんど東京のことを知りませんでした。そこで、なんとか話すことをまとめた原稿《げんこう》を作り、それを丸暗記して初《はつ》仕事の日を迎《むか》えました。初めての通訳ガイドとしての仕事、待ちに待った夢《ゆめ》の時間だったのですが、マイクを持って四十人近いお客様を前にして話し始めたとき、しばらくは声だけでなく手も震《ふる》えていたのを覚《おぼ》えています。どうにかすべての訪問《ほうもん》箇所《かしょ》を終えてお客様の泊《と》まるホテルに到着《とうちゃく》すると、みなさん、にっこり笑顔《えがお》を見せてバスを降《お》りていき、中には固《かた》い握《あく》手《しゅ》をしてくれる方もいて、私もうれしさがこみ上げてきました。そして最後《さいご》にバスから降りてきた年配のご夫婦《ふうふ》が私の手を握《にぎ》り、こうおっしゃったのです。

「あなたはきっとこの仕事をしてまだ日が浅《あさ》いと思うけれど、あなたの話を聞いてとっても楽しい一日だったわ！」

私が初仕事だったことがお客様には伝《つた》わっていたのだと知り、経験《けいけん》のないガイドで申し訳《わけ》なかったと思うと同時に、そんな初心者《しょしんしゃ》を優《やさ》しく励《はげ》ましてくださったご夫婦に、目頭が熱《あつ》くなりました。もっともっといいガイドになりたいと思わせてくださった、生涯忘《しょうがいわす》れられないご夫婦です。

その後、この定期観光バスの仕事はおよそ十五年間続《つづ》けました。その中でお会いしたのが、ハワイから来た日系《にっけい》アメリカ人のご家族です。日本で生まれてアメリカに渡《わた》った日系《にっけい》一世の老夫婦《ろうふうふ》、その子どもの二世のご夫婦に、見た目は日本人なのに英語《えいご》しか話せない三世、そして四世の家族ツアーでした。九州から北海道まで二十日間ご一緒《いっしょ》するうちに、すっかり家族の一員のようになってしまったのですが、驚《おどろ》いたのは、帰国されてから数日後、私《わたし》のもとにハワイへの航空券《こうくうけん》が送られてきたことです。訪《おとず》れたハワイではみなさんで歓迎《かんげい》パーティを開いてくださり、忘《わす》れがたい思い出になりました。

変化《へんか》する観光《かんこう》ツアー

また、最近《さいきん》お会いした方で思い出に残《のこ》っているのが、アラブ首長国連邦《れんぽう》から来たハネムーンのお客様です。二人とも厳格《げんかく》なイスラム教徒《きょうと》なのですが、なんと京都の神社で日本式の結婚式《けっこんしき》を挙《あ》げたというのです。結婚衣装《いしょう》もちゃんと着物を借《か》りて着たのだそうで、人力車に乗って神社の前で撮《と》った写真を見せてくれたのには驚きました。しかも二人とも初《はつ》来日というのに、日本語を聞き取ることができるのです。理由を聞くと、小さいときから日本のアニメの大ファンで、毎日見ているうちに自然《しぜん》と聞き取りができるようになったのだそうです。日本のアニメやゲームが外国でも人気なことは知っていましたが、結婚式まで日本式でしてしまうほど日本が大好《だいす》きだというこの二人を見て、アニメやゲームの影響力《えいきょうりょく》の強さを知ることができました。

また、近年は、観光ツアーにも変化が起こっています。ひとつは、これまであまり外国人が行かなかったような場所を訪れるツアーが増《ふ》えてきていること。もうひとつは、体験《たいけん》ツアーが増えていることです。ただ観光するだけでなく、登山やハイキングをしたり、茶道《さどう》、生け花、書道、武道《ぶどう》、着物の着《き》付《つ》けなどの日本文化を体験したりするツアーが人気になってきています。私自身、新しいツアーが始まると、そのたびに新しく勉強することも増える一方ですが、それがまた楽しく、休みの日には次のツアーのための参考書《さんこうしょ》を探《さが》しに本屋さんに行くのが日課《にっか》になっています。いつまでたっても勉強が続《つづ》くところが、この仕事のおもしろさなのでしょう。

このように、近年は、観光地《かんこうち》だけではない日本の様ざまな事柄《ことがら》が世界中に知れ渡《わた》るようになり、外国人を引きつけていることを感じています。次の章からは、実際《じっさい》に外国人観光客が日本のどのような部分に魅力《みりょく》を感じているのか、また、どのような部分に戸惑《とまど》うのかなどを紹介《しょうかい》していきたいと思います。

第2章

外国人から見た日本の「魅力《みりょく》」

～サムライと新幹線《しんかんせん》～

1　実は日本は、外国人にとても人気があるのです

「ようこそジャパンキャンペーン」――増《ふ》え続《つづ》ける観光客《かんこうきゃく》

二〇〇四年に日本政府《せいふ》は、日本の観光地としての魅力《みりょく》を世界中の人たちに伝《つた》えるために「ようこそジャパン」というキャンペーンを始めました。これは国内の景気《けいき》がなかなか良《よ》くならないので、もっと多くの外国人に来てもらって、観光しながらお金を使ってもらおうというのがその目的《もくてき》でした。それまで日本を訪《おとず》れる外国人観光客の数は、世界一のフランスやそれに次ぐアメリカ合衆国《がっしゅうこく》だけでなく、同じアジアのタイ、インドネシア、香港《ほんこん》などと比《くら》べてもずっと少なかったのですが、これは、日本が物価《ぶっか》が高い国であること、そして、それまであまり観光地としての宣伝《せんでん》を熱心《ねっしん》にしてこなかったことが主な理由でした。しかし、政府が力を入れたこの日本宣伝キャンペーンの効《こう》

果《か》がじょじょに上がり始め、二〇〇四年に約《やく》六一四万人だった訪日《ほうにち》外国人は、二〇一四年には約一三四一万人になりました。日本に来る外国人で多いのは、台湾《たいわん》、韓国《かんこく》、中国、香港、アメリカ合衆国の人たちの順《じゅん》です（二〇一四年）。

また、二〇二〇年に東京でオリンピック・パラリンピックが開催《かいさい》されることが決まったことで、海外からの観光客にもっと喜《よろこ》んでもらえるようにしよう、との様ざまな改革《かいかく》が始まっています。道路や駅の英語表示《えいごひょうじ》をわかりやすくしたり、インターネットの無料接続《むりょうせつぞく》ができる場所や外国の銀行カードが使えるATM《エーティーエム》を増《ふ》やしたりすることもその例《れい》です。

インターネットで広がる日本の情報《じょうほう》

日本へ来る外国人観光客の数が増えているのには、もう一つ理由がありま す。それはインターネットの普及《ふきゅう》です。これにより、それまで海外ではなかなか手に入りにくかった日本の観光地の情報が、ネットでかんたんに手に入るようになりました。また日本に来た人たちが、日本の観光地《かんこうち》の写真やコメントを、ネットを通じて友人たちに即座《そくざ》に知らせることができるようになったことも、大きな理由なのです。本やパンフレットの情報《じょうほう》よりも、信頼《しんらい》している友だちの紹介《しょうかい》やおすすめの情報は効果《こうか》が高いようです。

実際《じっさい》に私《わたし》の案内《あんない》するお客様の中には、インターネットを使って、観光地の情報だけでなく、各《かく》都市のレストランやお店などの口コミ情報を事前に集めてくる人が増《ふ》えています。時には地元の人しか知らないようなお店の情報を手に入れてきて、

「ここに行ってみたい」

と言われて驚《おどろ》くこともあります。

日本を訪《おとず》れた外国人数の移《うつ》り変《か》わり

（年別 訪日《ほうにち》外客数の推移《すいい》）

［人］

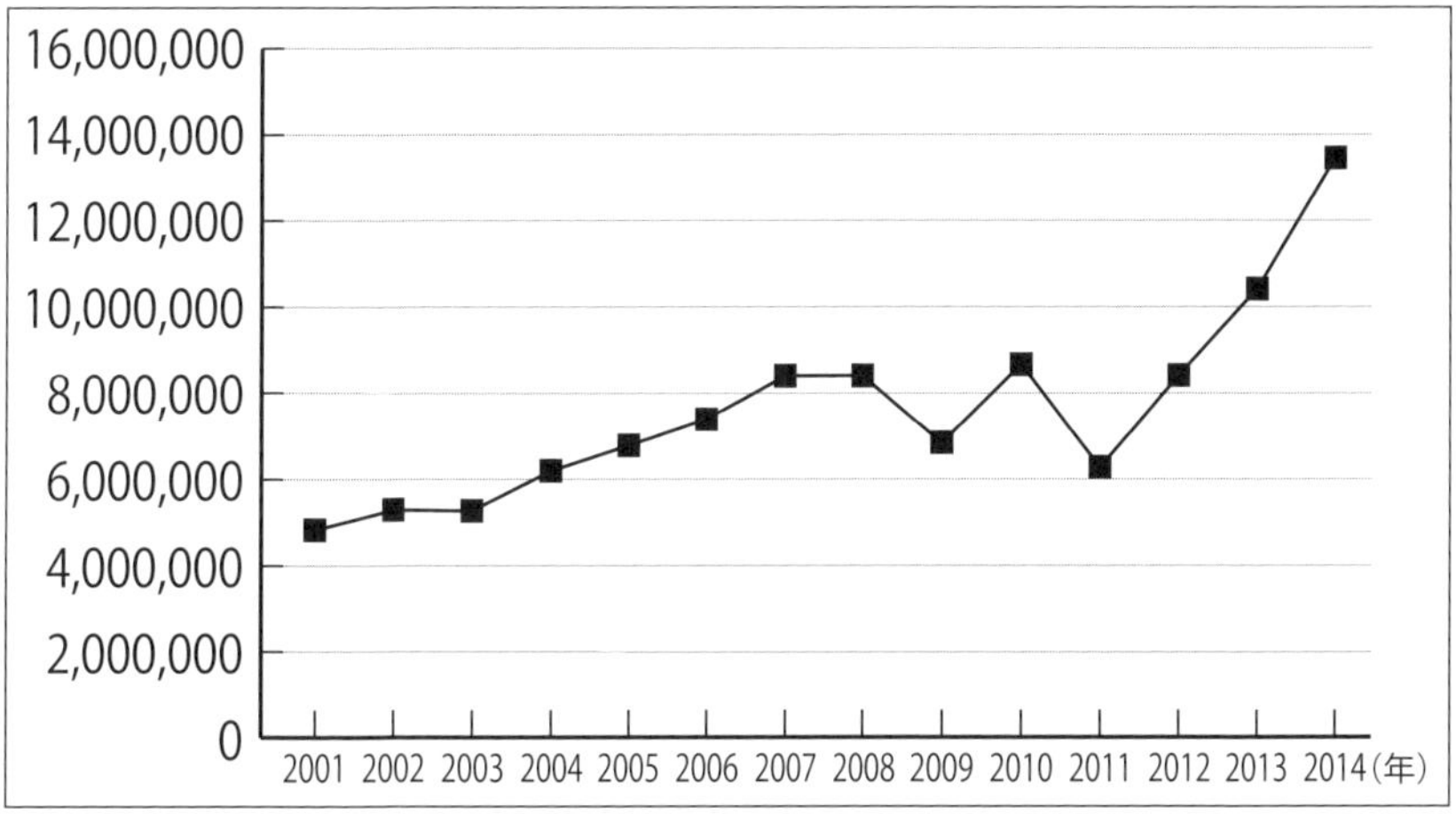

出典：日本政府観光局（JNTO）より、一部抜粋

国・地域別《ちいきべつ》 日本を訪れた外国人数

（2014年 訪日外客数）

［人］

第１位《い》	台湾《たいわん》	2,829,821
第２位	韓国《かんこく》	2,755,313
第３位	中国	2,409,158
第４位	香港《ほんこん》	925,975
第５位	アメリカ合衆国《がっしゅうこく》	891,668
第６位	タイ	657,570
第７位	オーストラリア	302,656
第８位	マレーシア	249,521
第９位	シンガポール	227,962
第10位	イギリス	220,060

出典：日本政府観光局（JNTO）より、一部改変

さらに、若《わか》い年代の外国人の中には、スマートフォンを使って自分たちだけで観光《かんこう》する人たちも増《ふ》えています。ネットで観光地の情報《じょうほう》を得《え》て、スマートフォンの地図や道案内《みちあんない》アプリを使って、気軽に日本を楽しめるようになったからです。こういうことができるのも、日本が安全な国だからなので、うれしいことです。

またこれまでは、私《わたし》たちガイドの仕事の注文は、旅行会社やホテルをとおして入ることがほとんどでしたが、インターネットの普及《ふきゅう》によって、これからは、ガイドが海外のお客様から直接《ちょくせつ》仕事を依頼《いらい》されることも増えていくことでしょう。

日本に来て、ますますファンになってくれる人たち――リピーター

「日本にはずっと興味《きょうみ》があったけれど、遠いし物価《ぶっか》も高いのでなかなか来られなかったのよ」という方が多いのですが、最近《さいきん》では、ツアー後にまた日本

出発前に得《え》た旅行情報源《じょうほうげん》で役に立ったもの（全国籍《ぜんこくせき》・地域《ちいき》、複数《ふくすう》回答）［%］

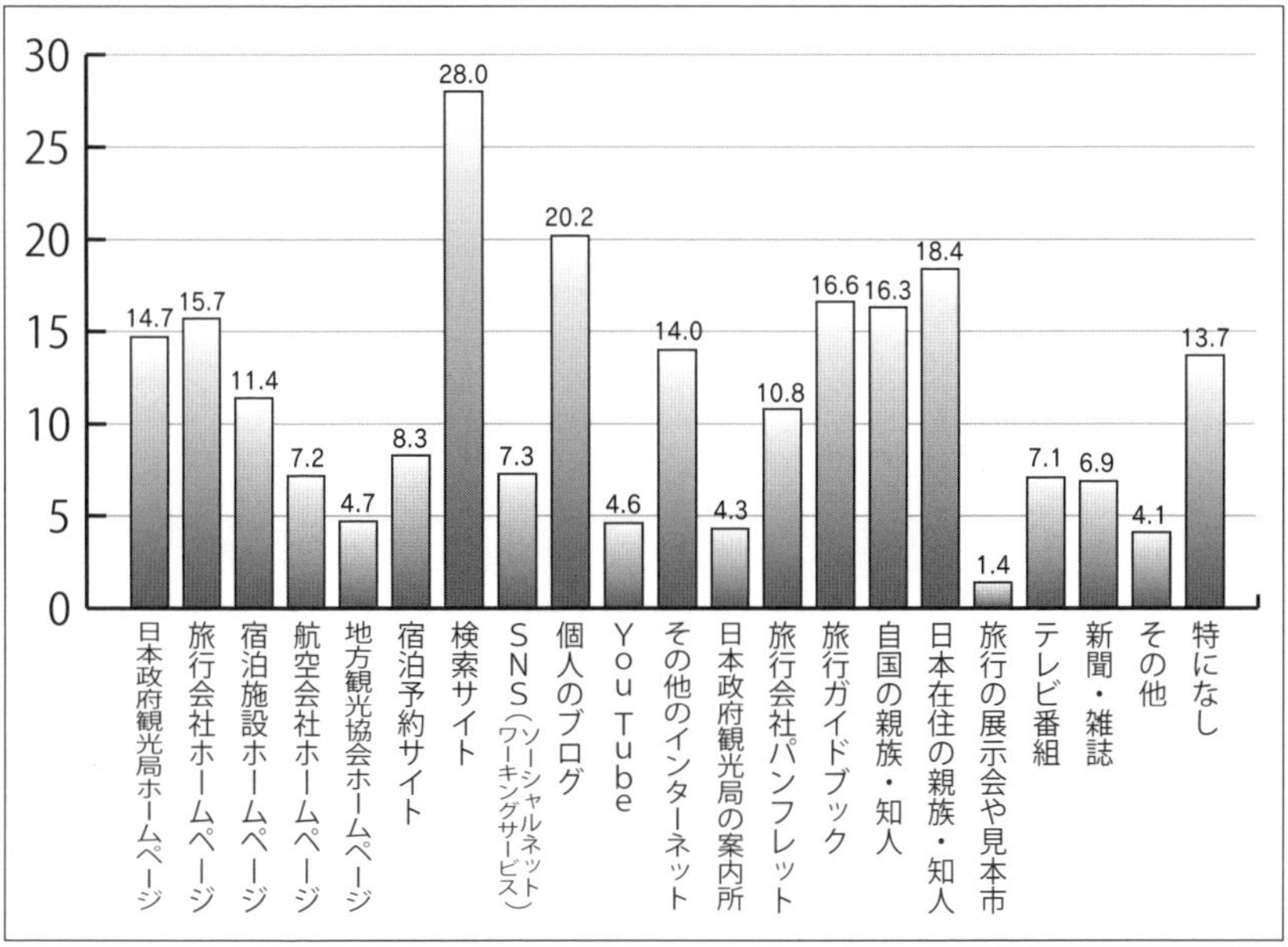

出典：「訪日外国人の消費動向（平成26年年次報告書）」国土交通省観光庁

に戻《もど》ってくるという人たち（リピーター）が増《ふ》えてきています。中にはツアー中に、

「今回は桜《さくら》がきれいだったけれど、次は紅葉《こうよう》の季節《きせつ》に」

と、そうそうに翌年《よくねん》のツアーの予約《よやく》をしていく人や、

「次回は家族や友人を誘《さそ》ってくるね」

という人たちが目立って多くなっています。日本政府《せいふ》の統計《とうけい》を見ても、日本に来た外国人の九割以上《わりいじょう》の人が「日本に満足《まんぞく》した。また来たい」と答えています。

私《わたし》のところにも、

「日本を旅行した友人にすすめられたので、日本に行くことにした。ぜひあなたにガイドしてほしい」

というメールがたくさん届《とど》くようになってきています。日本の魅力《みりょく》を、より多くの人たちに広げていくお手伝《てつだ》いができているのだ、とうれしくなります。

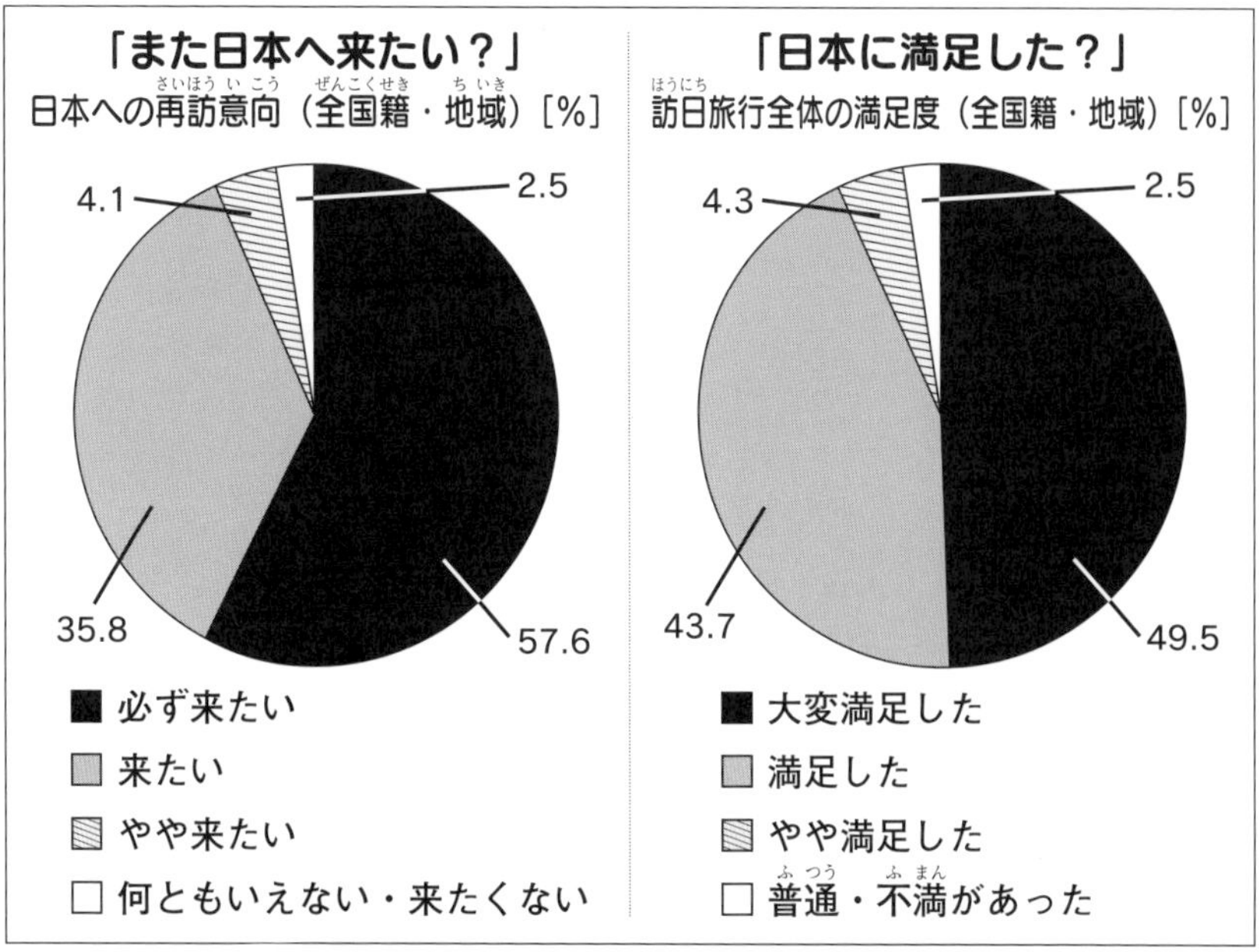

出典：「訪日外国人の消費動向（平成26年年次報告書）」国土交通省観光庁より、一部抜粋・改変

2　外国人は日本のどこに魅力《みりょく》を感じているの？

伝統《でんとう》文化とハイテク

「日本の魅力は？」

と外国人に尋《たず》ねると、ほとんどの人たちが、

「古いお寺や庭などの日本独自《どくじ》の伝統的《てき》な魅力と、未来《みらい》都市のような大都市の魅力とが、両方楽しめること」

と答えます。

たとえば、東京で、世界規模《きぼ》の高層《こうそう》ビル、世界一の電波塔《でんぱとう》、それに秋葉原《あきはばら》の大型《おおがた》家電ショップなどを楽しんだあと、一時間ほど電車に乗れば、鎌倉《かまくら》の禅寺《ぜんでら》でのんびり抹茶《まっちゃ》を飲んでくつろぐことができます。大阪《おおさか》で、日本一の高さのあべのハルカスにのぼったあとは、やはり電車に乗って一時間ほどで、

奈良《なら》や京都に行くことができ、約《やく》一三〇〇年前に造《つく》られた東大寺の大仏《だいぶつ》を観《かん》賞《しょう》したり、嵯峨野《さがの》の竹林散歩《さんぽ》を楽しんだりすることができます。また、日本は国土の約《やく》七割《わり》が山や森なので、どこへ行っても緑あふれる自然《しぜん》と親しむことができますし、ゆったりできる温泉《おんせん》も日本の各地《かくち》にあります。こうした多様な魅力を持つ国は、世界でもまれなのだと思います。

子どもが大好《だいす》きな「ポップカルチャー」

近年、日本に来る外国人で増《ふ》えているのが、子ども連《づ》れのご家族です。以《い》前《ぜん》、ガイドの仕事は春と秋が一番忙《いそが》しかったのですが、このごろは、欧米《おうべい》の夏休み期間の六月から八月に家族連れツアーの予約《よやく》がたくさん入るようになりました。こうした家族に、

「どうして日本を選《えら》んだのですか?」

と聞いてみると、

「子どもが日本に行きたがったから」

との答えが多いのに気づきました。子どもさんによると、「小さいときから日本のゲームで遊び、テレビで日本のアニメを見て育ったから、いつか日本に行きたかった」のだそうです。

最近《さいきん》ご一緒《いっしょ》したアメリカ人のご一家は、十五歳《さい》の男の子が大の日本ファンで、自分でインターネットを使って作った、〈行きたいところリスト〉を持ってきていました。その中には、予想《よそう》どおり秋葉原《あきはばら》のカードゲームの店も入っていましたが、同時に、江戸《えど》時代の長屋などを再現《さいげん》した東京の深川江戸資料《しりょう》館《かん》や、第二次世界大戦中《たいせんちゅう》に使われた戦闘機《せんとうき》などがある博物館《はくぶつかん》も含《ふく》まれていたのには驚《おどろ》きました。アニメで江戸時代や第二次世界大戦中のことなども見たので、興味《きょうみ》があったのだそうです。

また、別《べつ》のご家族とご一緒したときも、十代の息子さんが日本の歴史《れきし》にくわしく、関ヶ原《せきがはら》の戦《たたか》いのことや、武将《ぶしょう》の名前までよく知っているのに驚きま

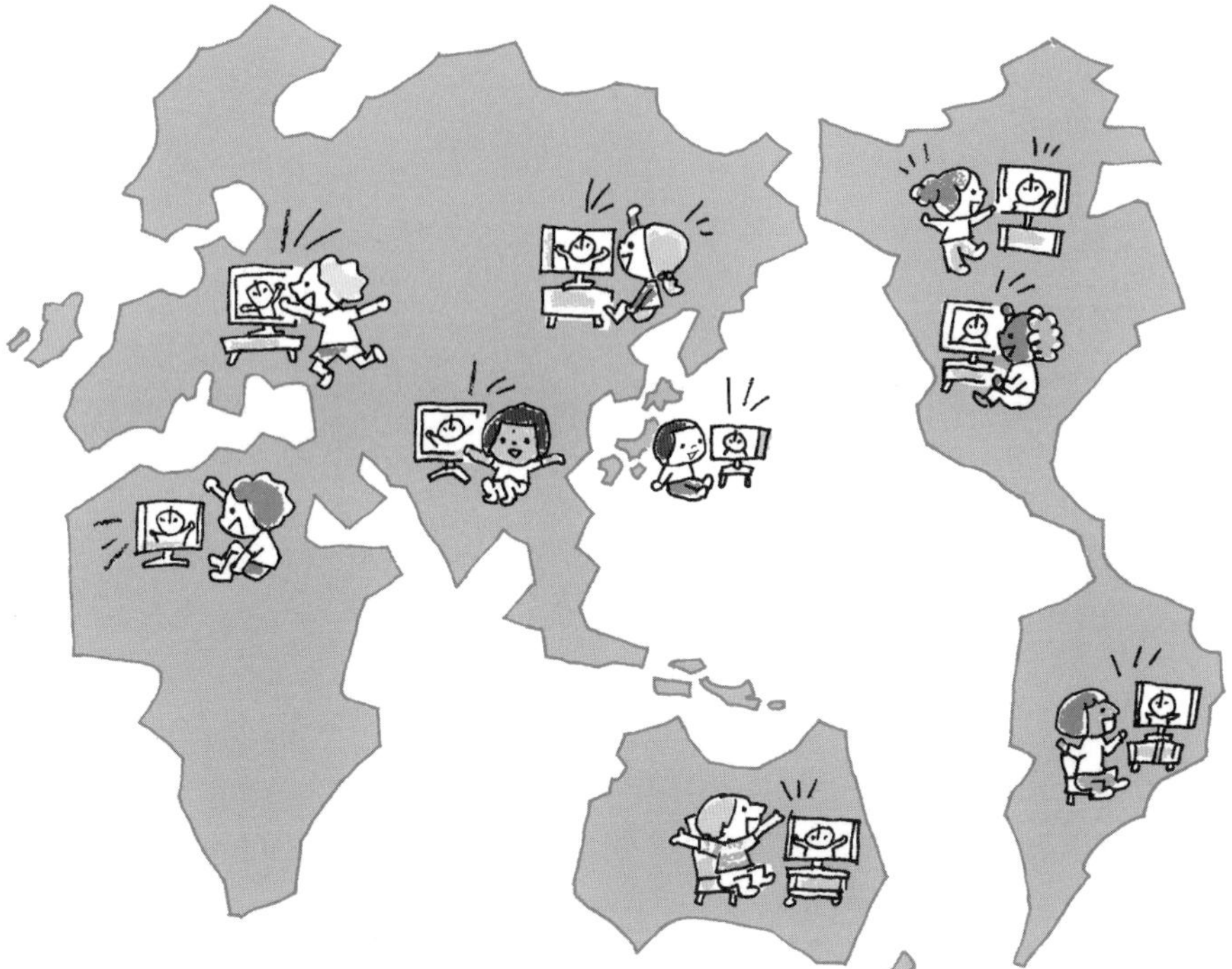

世界に広がる日本のアニメ

した。息子さんの話から、戦国武将《せんごくぶしょう》のゲームをしているうちに、こうした知《ち》識《しき》が身についたのだとわかりました。

このように、アニメやゲームの持つ影響力《えいきょうりょく》にはたびたび驚《おどろ》かされています。世界中の子どもたちが、みなさんと同じアニメやゲームに親しんでいるのだと想像《そうぞう》すると、わくわくしてきませんか？

近年、こうした日本のポップカルチャー（マンガやアニメ、テレビゲームのような、一般《いっぱん》の人びとに広く人気のある文化のこと）が外国人にとって魅《み》力的《りょくてき》であることがわかってきて、日本政府《せいふ》も、伝統《でんとう》文化だけでない、ポップカルチャーもふくめた日本の魅力を、「クールジャパン」と名付《なづ》けて世界に発信《はっしん》しはじめています。

有名な観光地《かんこうち》だけではない、素朴《そぼく》な日本の魅力

一般的《てき》には、まだまだ有名な観光地だけを回ることが多いのですが、最近《さいきん》

では、有名な観光地へ行く途中《とちゅう》の町や村に立ち寄《よ》ることも増《ふ》えてきています。

数年前、イスラエルからの団体客《だんたいきゃく》と、和歌山県にある世界遺産《いさん》・高野山《こうやさん》に一泊《いっぱく》して、奈良《なら》までバスで移動《いどう》していたときのことです。高く険《けわ》しい高野山を下りてきたところに、のどかな農村がありました。私《わたし》から見れば、ごくふつうの農村風景《ふうけい》だったのですが、そこでグループの団長《だんちょう》さんが、

「ヨシさん、ここでバスを止めてほしい」

と言うのです。気がつくとグループのみなさんも、うれしそうに窓《まど》から農村の写真を撮《と》っているのです。

最初《さいしょ》は、「ここで止まってなにをするの?」と思ったのですが、バスを降《お》りて、見知らぬ村の農道をどんどん上がっていくお客様たちについていきました。彼《かれ》らは、まるで探偵団《たんていだん》のように興味《きょうみ》しんしんにあたりを見渡《みわた》し、刈《か》り入れの終わった田んぼや、干《ほ》してある柿《かき》の写真を撮っています。そのうちに、道端《みちばた》でしゃがみこんで作業をしていたおばあさんを見つけると、

「ヨシさん、なにをしているのか聞いて」

と言うのです。急に外国人の団体《だんたい》に声をかけられたおばあさんも、あまり驚《おどろ》いた様子も見せず、今は大豆を干《ほ》しているところだと教えてくれました。

その後、バスに戻《もど》る途中《とちゅう》で、地元の小学生が学校の周《まわ》りをランニングしているところに出会いました。一緒《いっしょ》にいた先生を通じて小学生と話をし、一緒に写真を撮《と》らせてもらうこともできました。このお客様たちは帰国する前に、

「日本で一番楽しかった思い出は、このとき、名前も知らない村で、村の人や子どもたちと交流ができたことだ」

と話してくれました。

実はこのイスラエルからのツアーの団長《だんちょう》さんは、毎年日本へグループを連《つ》れてやってくるのですが、そのたびに、この小学校を訪《おとず》れ、先生や子どもたちにあいさつをしていました。昨年《さくねん》、この学校は子どもの数が減《へ》って廃校《はいこう》になってしまいましたが、きっと子どもたちにもいい思い出になったことで

しょう。このように、日本を訪《おとず》れる外国人のお客様は、ふつうの日本の村や町を訪問《ほうもん》し、そこに住んでいる人たちと交流することにとても関心《かんしん》を持っているのです。みなさんの町で、外国からの旅行者を見かけたら、まずはにっこりあいさつしてみてはいかがでしょうか？　みなさんとの交流が、なによりも思い出に残《のこ》る時間になるかもしれません。

和食の魅力《みりょく》――健康《けんこう》と長寿《ちょうじゅ》の理由？

みなさんは、和食が「日本人の伝統的《でんとうてき》な食文化」として二〇一三年にユネスコの無形《むけい》文化遺産《いさん》に登録《とうろく》されたことを知っていますか？　和食というと、おすしやてんぷら、すきやきなどが有名ですが、実はみなさんが、毎日家庭で食べているみそ汁《しる》や煮物《にもの》、それにつけ物なども、外国人から見ると日本独《どく》自《じ》の魅力ある和食なのです。四季《しき》のはっきりした日本は、季節《きせつ》ごとの食材《しょくざい》が豊富《ほうふ》にあります。そして、昔ながらのかつお節《ぶし》や昆布《こんぶ》からとっただしのうま味を生かした味付《あじつ》けも、海外の人たちには新しい味覚《みかく》として評判《ひょうばん》になっています。

もうひとつ、和食が人気になっている理由があります。それは、和食が健康的《てき》だということです。肉を中心にした洋食は、どうしてもカロリーの高いものになってしまいますが、季節の野菜《やさい》と魚介類《ぎょかいるい》を中心にした和食は、栄養《えいよう》価《か》が高い割《わり》にカロリーが低《ひく》く、理想的な食事といえます。飲み物では緑茶が健康的だとして大変《たいへん》人気があり、喫茶店《きっさてん》に入ってメニューにないと、がっかりされることもあります。二〇一四年に観光庁《かんこうちょう》の行ったアンケート調査《ちょうさ》でも、「日本に来る前に期待していたこと」の第一位《い》に、「和食を食べること」が入っています。私のお客様でも、「日本にいる間は毎日和食が食べたい」と希望《きぼう》される方がたくさんいます。

また、最近特《さいきんとく》に人気になってきているのが、ラーメン、餃子《ぎょうざ》、たこ焼《や》き、お好《この》み焼きなどの気取らない食べ物です。高級な和食だけでなく、こうした気軽な食べ物も安くておいしいことが、日本の食事をいっそう魅力的《みりょくてき》なものにしているのです。

安全できれい好《ず》き

外国人が日本で一番感銘《かんめい》を受けるのが、日本が「清潔《せいけつ》で安全な国」だということです。日本に着いてほんの半日過《す》ごしただけで、ほとんどの人が、「どうしてこんなに街《まち》がきれいなの？　繁華街《はんかがい》でも、ゴミが落ちていない。人口の多い国なのに、こんな国は見たことがない」と感嘆《かんたん》の声をあげます。世界で一番清潔な国だとほめられることが、とても多いのです。日本人には当たり前のことなので、「どうして？」と聞かれるといつも答えに困《こま》るのですが、日本では昔から、家の周《まわ》りをきれいにしておかないとはずかしいとされていること、そして、日本の代表的な宗教《しゅうきょう》である神道《しんとう》では、けがれを清めることが最《もっと》も大事なことと信《しん》じられていて、お宮《みや》参《まい》りや七五三、それに結婚式《けっこんしき》のような人生の節目《ふしめ》には神社でおはらいを受けて、心と体を清めてもらうことなどを説明《せつめい》しています。

さらに驚《おどろ》かれるのが、日本の子どもたちが、大人の付《つ》き添《そ》いなしで通学しているこどです。特《とく》に一人で電車通学することは、外国ではあり得《え》ないことだと言います。多くの国では、誘《ゆう》かいなどの危険《きけん》があるので、必ず親の送り迎《むか》えが必要《ひつよう》なのだそうです。日本では当たり前に思えることですが、日本がいかに安全な国なのかを、あらためて感謝《かんしゃ》したい気持ちになります。

また、これは実際《じっさい》に起こったことなのですが、あるとき、タクシーを使ったツアー中に、お客様が車内にお財布《さいふ》を忘《わす》れてきてしまったことがあります。しばらくして気がついた本人から報告《ほうこく》を受けて、私《わたし》は領収書《りょうしゅうしょ》に書かれたタクシー会社の電話番号に電話をしました。すると、すぐにドライバーさんから連絡《れんらく》があり、お財布は確《たし》かに見つけたとのこと。驚《おどろ》いたのは、そのドライバーさんが、これから私たちのいる場所まで財布を届《とど》けてあげると言ってくれたことでした。これにはお客様も大変《たいへん》に感動し、世界でこんな国はほかにないと大喜《おおよろこ》びされました。

統計《とうけい》を見ても、たしかに日本の犯罪発生率《はんざいはっせいりつ》は、世界の国ぐにの中では、低《ひく》いことがわかります。「なぜ日本はこんなに安全なのか？」とは、いつも質問《しつもん》されることです。私《わたし》は、日本では貧富《ひんぷ》の差《さ》が比較的《ひかくてき》少ないことや、教育水準《すいじゅん》が高いことなどが関係しているのだろうと説明《せつめい》しています。

人気のお土産物《みやげもの》

私たちが旅行に行くと家族や友人にお土産を探《さが》すのと同じで、外国人も日本での買い物をとても楽しみにしています。東京の有名な観光地《かんこうち》・浅草寺《せんそうじ》の参道《さんどう》に仲見世《なかみせ》と呼《よ》ばれる商店街《しょうてんがい》がありますが、外国人観光客が多いため、外国人の欲《ほ》しがるものを取りそろえています。特《とく》に人気があるのは、外国人のお土産用に作られた「キモノ」なのですが、これが私たちが知っている着物

国別 犯罪率比べ（人口に対する犯罪被害者《ひがいしゃ》の割合《わりあい》、低い方が安全）［%］

スペイン	9.1	ドイツ	13.1
日本	9.9	ポーランド	15.0
ハンガリー	10.0	ノルウェー	15.8
ポルトガル	10.4	スウェーデン	16.1
オーストリア	11.6	オーストラリア	16.3
フランス	12.0	カナダ	17.2
ギリシャ	12.3	アメリカ	17.5
イタリア	12.6	ベルギー	17.7
フィンランド	12.7	スイス	18.1
ルクセンブルク	12.7	メキシコ	18.7

※OECD（経済協力開発機構）諸国のみ

※国際連合地域間犯罪司法研究所（UNICRI）と国連薬物犯罪事務所（UNODC）が調整設立したコンソーシアムにより実施された2005年国際犯罪被害者調査（ICVS）に基づいている。

出典：経済協力開発機構編『世界の主要統計OECDファクトブック（2009年版）』明石書店より、一部抜粋

日本を訪《おとず》れる外国人のお金のつかいみち
（費目別《ひもくべつ》にみる訪日《ほうにち》外国人旅行消費額《しょうひがく》）［%］

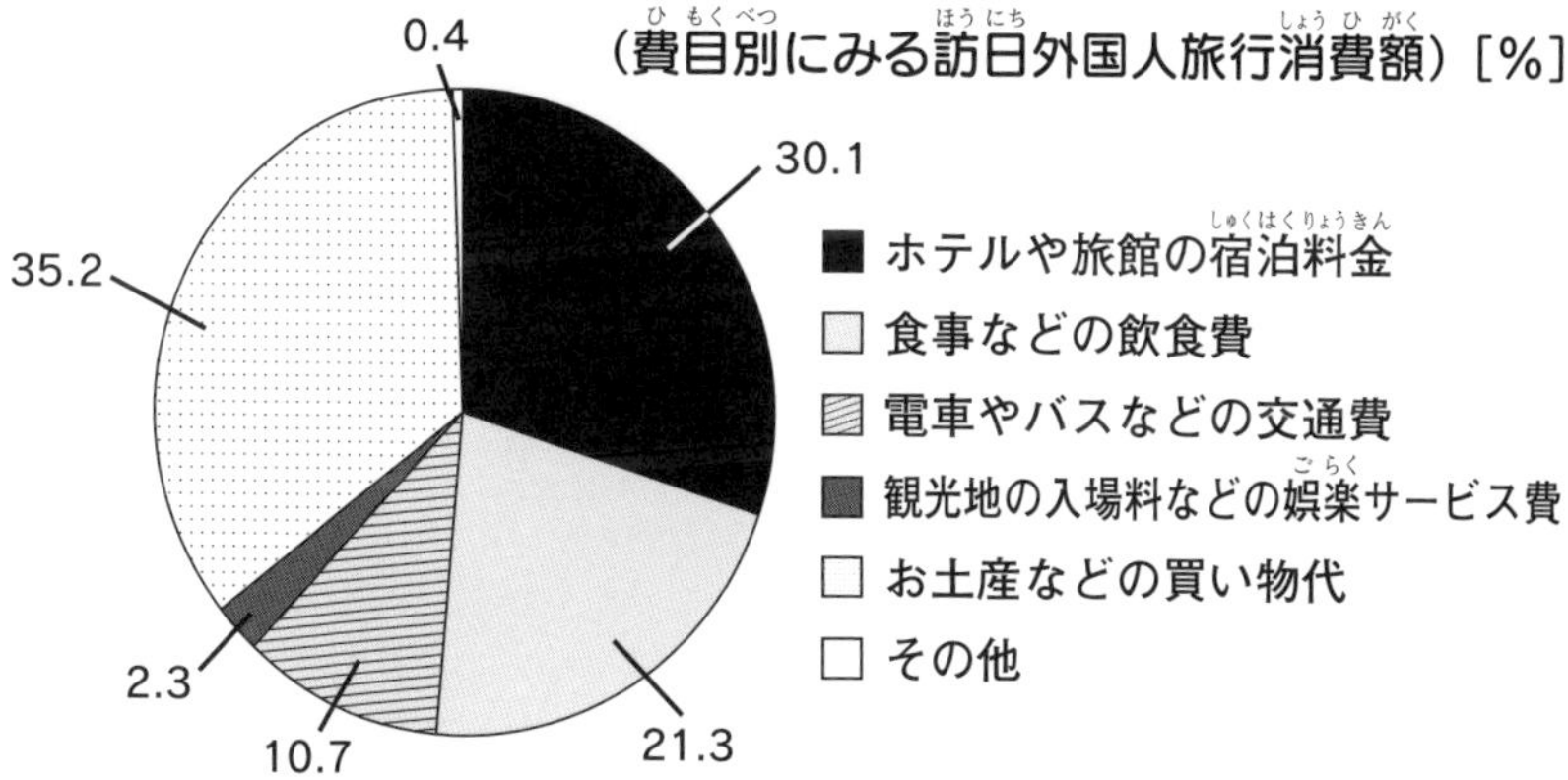

出典：「訪日外国人の消費動向（平成26年年次報告書）」国土交通省観光庁より、一部改変

とはまるで違《ちが》うものであることに驚《おどろ》かされます。本物の着物は、着る人に合わせて長さを調整しますが、それが外国人には難《むずか》しいため、かんたんにはおれるローブのような形になっているのです。柄《がら》もまた、外国人の好《この》む少し派手《はで》なものが多く、特《とく》に男性《だんせい》ものでは背中《せなか》に龍《りゅう》の模様《もよう》があるものが人気です。私《わたし》も最初《さいしょ》にこれを見たときは、ショックで、こんなにも実際《じっさい》と違うものを「キモノ」としておすすめしていいのかどうか迷《まよ》いました。しかし、日本的《てき》なものを気軽に楽しみたいのなら仕方がないのかな、と思うようになりました。ただ最近《さいきん》では、本物志向《しこう》の人も増《ふ》えてきていて、アンティークの着物を探《さが》す人や、日本人が買うものと同じ浴衣《ゆかた》を買って帰る人もいます。

それから「キモノ」の次に人気があるのが、扇子《せんす》と日本人形です。これは昔から変《か》わらない定番のお土産《みやげ》です。日本のおもちゃも、その種類《しゅるい》と性能《せいのう》の良《よ》さで、いつも人気があります。海外でも放映《ほうえい》されているテレビアニメ関《かん》連《れん》のおもちゃは、子どもさんからリクエストされたお客様が「絶対《ぜったい》買って帰らなければ」と探《さが》すもののひとつです。一九九〇年代には、世界中で「ポケモン」ブームが起こり、ポケモンショップに行くことがツアーの一部になりました。ポケモンは今でも人気がありますし、ニンジャが主人公の「NA《ナ》R《ル》UT《ト》O」の人気も衰《おとろ》えていません。

このように、買い物は日本を訪《おとず》れる外国人にとって、日本の魅力《みりょく》のひとつになっています。外国人が日本でたくさん買い物をしてくれることは、日本の経済《けいざい》にも良い影響《えいきょう》を与《あた》えています。観光庁《かんこうちょう》の統計《とうけい》によると、二〇一四年に外国人旅行客が日本で使ったお金の約《やく》三十五パーセントが、買い物代だそうです（67ページ参照《さんしょう》）。

3　日本のなにが有名なのでしょうか？

日本の有名人──サムライ・ショーグン・ニンジャってどんな人？

外国人にとって、日本で一番の有名人は誰《だれ》だか知っていますか？　日本の首相や、天皇陛下《てんのうへいか》はもちろんとても有名ですが、誰もが知っているのは、サムライ、ショーグン、そしてニンジャなのです。ただし、映画《えいが》などで見てそのイメージは知っていても、きちんとそれを説明《せつめい》できる人はあまりいません。またその違《ちが》いもよくわからない人が多いのです。みなさんも、テレビドラマなどで知ってはいても、いざ外国人にわかるように説明するとなると難《むずか》しいと感じませんか？　私《わたし》たちガイドも、こうした、一見かんたんそうなことの説明に一番苦労《くろう》します。侍《さむらい》や将軍《しょうぐん》の歴史《れきし》なども、くわしく説明しすぎると余《よ》計《けい》難しくなりますから、なるべくかんたんに話すようにしています。

コラム

ここでは、ふだん私がどのように説明しているかを紹介《しょうかい》します。みなさんも、調べてみましょう。

サムライとショーグン

サムライ（侍）は、今から1,000年以上《いじょう》も前、平安時代のころに当時の貴族《きぞく》たちが、自分たちの所有する農地や屋敷《やしき》の警護《けいご》のためにやとったボディーガードのようなものが、その始まりとされています。侍という名前も、もとは、人に仕えるという意味の「さぶらう」という言葉からできたものだそうです。

侍はその後、力を増《ま》していき、やがて天皇をもしのぐ政治力《せいじりょく》を持つようになり、鎌倉《かまくら》に源頼朝《みなもとのよりとも》による日本初の武家政権《ぶけせいけん》が誕生《たんじょう》しました。そのとき、源頼朝に天皇から与《あた》えられたのが、「征夷大将軍《せいいたいしょうぐん》」という称号《しょうごう》です。この称号は、もともとは日本の各地《かくち》の先住民族《みんぞく》を征伐《せいばつ》するためにつかわされた軍隊《ぐんたい》のリーダーに与えられたものでしたが、これ以降《いこう》は全国の侍をとりまとめたリーダーに与えられるようになりました。これがいわゆる「ショーグン（将軍）」の始まりです。

その後、足利《あしかが》家と徳川《とくがわ》家が将軍になりましたが、いずれの将軍家も、天皇を廃止《はいし》することはしませんでした。そのため日本は、常《つね》に天皇と将軍、二人のリーダーが両立するという、世界史上《しじょう》まれな状態《じょうたい》が明治維新《めいじいしん》まで続《つづ》いたのです。

ニンジャ

ニンジャは、漢字《かんじ》では「しのぶ人（忍者《にんじゃ》）」と書きます。つまり「人にかくれてひそかに行動する人」という意味です。忍者の発生は、侍が権力《けんりょく》を持ち始めた鎌倉時代のこととされていて、最《もっと》も活躍《かつやく》したのは戦国《せんごく》時代です。侍による権力争《あらそ》いが起こったときなどに、侍にやとわれて敵《てき》の情報《じょうほう》を密《ひそ》かに集めるスパイの役割《やくわり》をしたり、時には暗殺《あんさつ》の仕事をしたりした人たちを忍者と呼《よ》びます。

忍者は全国にいましたが、特《とく》に有名なのは、伊賀《いが》（現在《げんざい》の三重県伊賀市と名《な》張市《ばりし》）と甲賀《こうが》（現在の滋賀県《しがけん》甲賀市と湖南市《こなんし》）という地方にいた集団《しゅうだん》です。この地方は山が多く農業を営《いとな》むことが難しかったため、こうした仕事を代だい続けていたといわれています。

禅《ぜん》

みなさんは、「禅」という言葉を聞いたことがあるでしょうか？　禅は仏《ぶっ》教《きょう》のひとつの宗派《しゅうは》のことですから、みなさんの中には、禅宗《ぜんしゅう》のご家庭もあると思います。数多くある仏教の宗派のうち、この禅が欧米人《おうべいじん》には圧倒的《あっとうてき》に有名で、日本の仏教といえばすべてが禅だと思っている人もいるぐらいです。なぜ禅だけが有名になったのかが不思議《ふしぎ》なのですが、おそらく、明治《めいじ》時代に日本から仏教が欧米に紹介《しょうかい》されてブームとなったとき、その宗派が禅宗だったことが理由だと思われます。

また、禅宗が、心の平安を得《え》るために座禅《ざぜん》をしてめい想にふけることをすすめていることも、ストレスの多い生活をする一部の欧米人に受け入れられたのでしょう。アップルコンピュータの創始者《そうししゃ》スティーブ・ジョブズ氏《し》が座禅を日課《にっか》としていたこともよく知られています。

欧米人《おうべいじん》の観光客《かんこうきゃく》に鎌倉《かまくら》や京都の禅寺《ぜんでら》の庭が人気なのも、その簡素《かんそ》で清潔《せいけつ》な空間に安らぎを感じるからのようです。また、禅《ぜん》という言葉は、仏教《ぶっきょう》に限《かぎ》らず、生活のスタイルを表す言葉としても使われていて、すっきりとした洗練《せんれん》されたファッションやインテリアなども、英語《えいご》で〈禅スタイル〉と呼《よ》んでいます。仏教も禅宗《ぜんしゅう》も、日本から始まったものではありませんが、多くの欧米人は、「禅といえば日本」と思っているのです。

身近なハイテク

日本の電気製品《せいひん》は、近年、海外のブランドに押《お》されて、残念《ざんねん》ながらかつてほどの人気はなくなりました。しかし、やはり今でも外国人にとっては、「日本はハイテクの国」というイメージが強いようです。東京の秋葉原《あきはばら》も、今では電気製品の店より、ゲームやアニメ関連《かんれん》のものを売る店が増《ふ》えましたが、それでも秋葉原の大型《おおがた》家電量販店《りょうはんてん》に入った外国人は一様に「こんなにすごい品ぞろえは見たことがない！」と感嘆《かんたん》の声をあげます。アメリカなどにも大きな家電の店はあるそうですが、日本のそれとはまったく規模《きぼ》が違《ちが》うのだそうです。テレビやコンピュータなどは、世界中どこでも同じようなものがあるそうですが、日本の場合は、より日常的《にちじょうてき》な家電の種類《しゅるい》が豊富《ほうふ》なことと、そのユニークさに驚《おどろ》くのだそうです。

たとえば、トイレ。洗浄機能《せんじょうきのう》があるものさえ、海外にはまだ普及《ふきゅう》していないそうで、座《すわ》ると温かい暖房便座《だんぼうべんざ》や人が入ると自動的に開くふたのあるトイレなどは、見たことがないという人がほとんどです。これらが日本では一九八〇年に発売され、今では七七パーセント以上《いじょう》の家庭に普及《ふきゅう》している（「消費動向調査《しょうひどうこうちょうさ》」内閣府《ないかくふ》、二〇一五）と話すと、本当に驚かれます。お土産《みやげ》に買って帰りたいという人もたくさんいて、最近《さいきん》では外国人の人気のお土産物リストに入るようになりました。これからも、日本でもっと多くの新しいハイテク製品が生み出されることを願《ねが》っています。

新幹線《しんかんせん》

東海道新幹線が、世界初《はつ》の高速鉄道として走り始めたのは、一九六四年の東京オリンピックの年です。その後、フランスなどヨーロッパの国ぐににだけでなく、中国・韓国《かんこく》・台湾《たいわん》などのアジアの国や地域《ちいき》でも、同じような高速鉄道が建設《けんせつ》されましたが、日本の新幹線は、今でも外国人観光客《かんこうきゃく》のあこがれの的《まと》であり続《つづ》けています。

現在《げんざい》、日本の新幹線は、速さでは世界一ではありませんが、世界の高速鉄道に負けない特徴《とくちょう》があり、それが外国人を驚《おどろ》かせているのです。みなさんの住んでいる町にも新幹線が止まる駅があるかもしれませんが、二〇一五年現在、新幹線六路線とミニ新幹線二路線があり、営業キロ数は約《やく》二八四八キロメートル（ミニ新幹線をのぞく。「鉄道輸送統計調査月報《ゆそうとうけいちょうさげっぽう》平成《へいせい》27年6月分」国土交通省《しょう》、二〇一五）あります。全長距離《きょり》は中国が世界一ですが、国土が狭《せま》い日本でこの距離《きょり》は驚《おどろ》くべきことです。

次に驚かれるのが、その運転のひん度です。東京駅を発着する新幹線《しんかんせん》は、一日になんと五〇〇本以上《いじょう》。平均《へいきん》五分に一本発車していることになります。またなによりすばらしいのが、新幹線は開業以来《いらい》、死亡事故《しぼうじこ》がゼロだということです。また、これだけのひん度で運行しているにもかかわらず、一列車当たりの遅《おく》れが東海道新幹線で平均三十六秒（二〇〇八年）というのは、奇跡的《きせきてき》なことです。そしてその理由が、新幹線の優秀《ゆうしゅう》さだけでなく、毎晩《まいばん》三〇〇〇人以上の人たちが、安全対策《たいさく》のために働《はたら》いているおかげであることを説明《せつめい》すると、まるで私が新幹線運行の責任者《せきにんしゃ》であるかのように、みなさんに尊敬《そんけい》のまなざしを向けられます。日本人でよかった！　と誇《ほこ》らしく思える瞬間《しゅんかん》です。

安全で時間に正確《せいかく》！ 日本の新幹線は、外国人に大人気

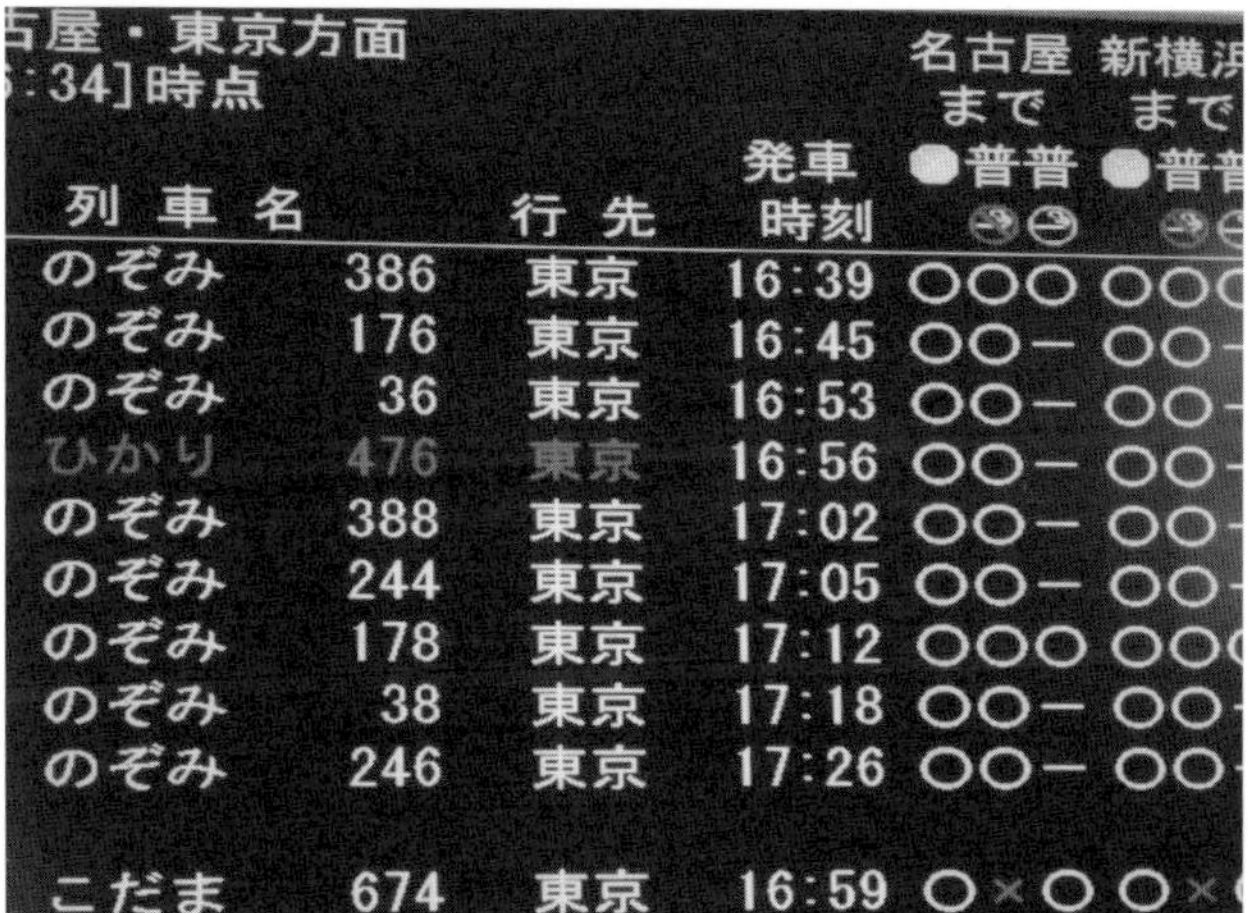

次つぎにホームを出ていく

ヒロシマ・ナガサキ・フクシマ

日本へ来る外国人観光客《かんこうきゃく》は、二〇一三年以降急増《いこうきゅうぞう》していますが、二〇一一年の東日本大震災《だいしんさい》のときには、まったくというほど観光客が来なくなりました。特《とく》に福島《ふくしま》原発の事故《じこ》のことが報道《ほうどう》されたあとは、ふだんならば毎日忙《いそが》しくしているはずの桜《さくら》の季《き》節《せつ》になっても、仕事のない日が続《つづ》きました。一年でもっとも忙しい四月に、日本中の通訳《つうやく》ガイドの仕事がなくなってしまったのです。この年、初《はじ》めてガイドの仲間《なかま》と一緒《いっしょ》にお花見旅行に行ったことは、今でも忘《わす》れられません。外国人に、なんとかまた日本へ来てもらおうと、花見の様子をビデオにとり、フェイスブックで紹介《しょうかい》したりしました。

感激《かんげき》したのは、以前《いぜん》ガイドをしたお客様からメールがたくさん届《とど》いたことです。「大変《たいへん》な状況《じょうきょう》になって心配している。ヨシの家族や家は大丈夫《だいじょうぶ》だったのか知らせてほしい。お見舞《みま》いを送りたい」という内容《ないよう》でしたが、遠く離《はな》れた日本のガイドのことを、世界中のお客様が心配してくれているのだとわかり、ありがたさで胸《むね》が熱《あつ》くなりました。

仕事の少ない状況は翌年《よくねん》も続きましたが、それでも、二〇一二年の秋からはじょじょに観光客が戻《もど》ってき始めました。観光は、世界が平穏《へいおん》でないと成《な》り立たない産業《さんぎょう》なのだということを実感しました。戻ってきてくれたお客様からは、

「日本人があの危機的《ききてき》な状況の中、混乱《こんらん》や暴動《ぼうどう》も起こさず、冷静《れいせい》に対応《たいおう》している様子をテレビの報道《ほうどう》番組で見て感動した」

との感想をいただいたことは、忘れられません。

外国人観光客は毎年記録《きろく》になるほど増《ふ》え続けていますが、福島の状況は、いまだに家に帰れない人たちが二十万人以上《いじょう》もいることからも、とうてい元に戻ったとは言えない状況です。ガイドとして、お客様をあまり心配させる話題ばかり話すことはできませんが、正確《せいかく》な状況は伝《つた》える義務《ぎむ》があると思っ

ています。

福島《ふくしま》の話をすると、必《かなら》ずといっていいほど聞かれるのが、広島と長崎《ながさき》の原《げん》爆《ばく》被《ひ》害《がい》のことです。もう七十年も前のことですが、日本が世界で唯一《ゆいいつ》原爆が投下された国であることは、世界中の子どもたちも知っていることです。広島と長崎でなにが起こったのか？　原爆の被害はどうだったのか？　二つの都市は今どうなっているのか？　との質問《しつもん》は、いつも聞かれることです。実《じっ》際《さい》、広島の平和記念《きねん》公園には、毎年数回お客様を案内《あんない》しています。平和記念資料館《しりょうかん》での展示《てんじ》を見て、バスに戻《もど》ってくる方がたの顔はとても悲しそうで、私《わたし》もつらい気持ちになります。つらくなるのを承知《しょうち》の上で、ここを訪《おとず》れ、真実と向き合おうとする外国人の勇気《ゆうき》には、敬意《けいい》を払《はら》いたい気持ちになります。

第3章

外国人から見た日本の「不思議《ふしぎ》」

～視点《してん》が変《か》わると発見がある～

1　日本ってすごい！　外国人が感心すること

前の章では、外国人から見た日本の魅力《みりょく》について紹介《しょうかい》しました。ここからは、外国人が驚《おどろ》くことや戸惑《とまど》うことについて述《の》べたいと思います。私《わたし》たちにとっては当たり前のことでも、視点《してん》が変《か》わると、とらえ方も変わるようです。

日本人は、超《ちょう》きれい好《ず》き？

日本に来て初《はじ》めての日に、外国人がまず気がつくことは、街《まち》が清潔《せいけつ》なことです。しかも、街にゴミ箱が見当たらないにもかかわらず、ゴミが落ちていないことなのです。

「どうして日本人はこんなにきれい好きなの？」

と聞かれるたびに、私《わたし》も最近《さいきん》までは、64ページに書いたようなことを答えていました。

　ただ最近になって、一九六四年の東京オリンピック前の東京では道にゴミが平気で捨《す》てられていて、電車の中でもゴミは座席《ざせき》の下に捨てていたということを知り、驚いてしまいました。どうやら都会では、オリンピック前は、あまり清潔とはいえない状態《じょうたい》だったようなのです。もしかしたら、オリンピック開催《かいさい》が決まり、国をあげて「清潔な日本を見せよう」という意識《いしき》が高まって、それ以降《いこう》急速に町が清潔になったのかもしれません。

　ゴミ箱がないことは、外国人にとって、私たちが想像《そうぞう》する以上《いじょう》に大問題です。というのは、特《とく》に欧米人《おうべいじん》の場合、道を歩きながら飲み物を飲んだり、アイスクリームを食べたりすることが多いためです。その結果《けっか》、買った店から離《はな》れたところで飲み終わったカップなどを捨てることになり、ゴミ箱が見つからずに困《こま》ってしまうのです。また、お店に入るときも、飲食物を持ったままでは入れないことが多いため、ここでも捨てる場所がなくて戸惑うことになります。そこで私《わたし》は、ツアーを始める前に、街《まち》にゴミ箱が少ないことを説《せつ》明《めい》しておくようにしています。

実は、以前《いぜん》はもっと街にゴミ箱が置《お》いてあったのです。ゴミ箱がいつからなくなったのかは、知っている人もいるかもしれませんが、一九九五年の地下鉄サリン事件《じけん》という悲惨《ひさん》な事件以来《いらい》のことです。駅のゴミ箱などに猛毒《もうどく》のサリンガスが置かれる危険性《きけんせい》があるとされて、駅や街角《まちかど》のゴミ箱が取り除《のぞ》かれてしまったのです。この事件をきっかけに、日本人は、ゴミを自分で持ち帰るようになったのだと思います。きれい好《ず》きだから、というだけの理由ではないのが残念《ざんねん》ですね。

宿題で、インタビュー?

京都や鎌倉《かまくら》を案内《あんない》していると、よく修学《しゅうがく》旅行の学生グループと有名なお寺などで一緒《いっしょ》になります。団体《だんたい》で歩いてくる小学生のグループとすれ違《ちが》うことも多いのですが、そのうちの一人が「ハロー！」と声をかけてくることがあります。私のお客様たちはそうして声をかけられると、とてもうれしいらしく、すぐに「ハーイ！　ハロー！」と笑顔《えがお》で返事をします。するとそれを見て、それまではずかしそうにしていたほかの子どもたちもいっせいに手を振《ふ》り、にこにこと「ハロー！」と返事をし始めます。

また、中学生くらいの団体になると、修学旅行中に外国人にインタビューをするという宿題がある学校が多いらしく、よく声をかけられます。まずは私に、

「インタビューしてもいいですか？」

と聞いてくるので、そのことをお客様に伝《つた》えると、ほとんどの人が、

「もちろん、いいよ」

と即座《そくざ》に引き受けてくれます。そして生徒《せいと》たちが、英語《えいご》で「どこから来たのですか？」、「日本のどの場所が一番好《す》きですか？」などと熱心《ねっしん》に質問《しつもん》して

くるのに、うれしそうに答えてくれます。インタビューが終わって、記念《きねん》に一緒《いっしょ》に写真を撮《と》りたいと言ってくるのは、むしろ外国人のほうなのです。

このように、日本人が外国人に関心《かんしん》を持ち、礼儀《れいぎ》正しく声をかけてくれるのを見て、お客様は日本人に歓迎《かんげい》されていることを肌《はだ》で感じ、ますます日本の印象《いんしょう》が良《よ》くなっていくのです。

みなさんも遠足や修学《しゅうがく》旅行で外国人を見かけたら、ぜひ勇気《ゆうき》を持って、「ハロー！」と笑顔《えがお》で声をかけてあげてください。みなさんにとっても、また外国人にとっても、なによりの思い出になるはずです。

電車は時間どおりに来るのが当たり前？

電車が時間どおりに来る、これは私《わたし》たちにとっては当たり前のことなのですが、多くの国では、電車は必《かなら》ずしも時刻表《じこくひょう》どおりに来るとは限《かぎ》らないのだそうです。新幹線《しんかんせん》などに乗っているとき、なにかの理由で電車が遅《おく》れると、

金閣寺《きんかくじ》でインタビューを受ける外国人

たとえ一分の遅《おく》れであっても車内放送で謝《あやま》るのを聞いて、多くの方が驚《おどろ》きます。また、電車をホームで待っているときに、入ってきた電車がきちんと指定された場所で止まるのにも感心されます。たとえば指定席《していせき》の一号車に乗ろうとして、ホームの上に一号車と書かれているところで待っていると、きちんとその場所に一号車が止まる、私《わたし》たちには当たり前のことなのですが、どの国でもそうとは限《かぎ》らないそうなのです。

「なぜこんなに正確《せいかく》でなくてはならないのか?」とよく質問《しつもん》されるのですが、一つの理由は、日本では電車の運行本数がとても多いからだ、と答えています。たとえば京都駅で新幹線《しんかんせん》を待っていると、東京方面行きの新幹線がほぼ五分おきくらいに、時間どおりに出ていきます。これを見て、まるで大都市の通勤《つうきん》電車のようだと驚かれます。このように、新幹線でも一日に数百本の電車が発着するのですから、一本の電車が数秒でも遅れることは、あとに来るすべての電車に影響《えいきょう》して、大変《たいへん》なことになるのです。これが日本の電車が時刻《じこく》どおりに発着しなくてはいけない理由のひとつです。この日本人のきちょうめんさを自分の目で確《たし》かめた外国人が、日本への信頼《しんらい》を強めてくれることを感じています。

ホームで待っていると……

ピタリと止まる

2　日本は不思議《ふしぎ》？　外国人が戸惑《とまど》うこと

靴《くつ》の脱《ぬ》ぎ方は、外国人にはとても難《むずか》しいのです

みなさんの家に、外国人が来たと想像《そうぞう》してみてください。まず玄関《げんかん》に入るときになにも言わないでいると、多くの外国人は靴をはいたまま上がってきてしまうと思います。私《わたし》たちにとっては、家に入るときに靴を脱ぐのは常識《じょうしき》で、無意識《むいしき》のうちにしていることですが、ほとんどの外国人にとっては初《はじ》めての体験《たいけん》になります。欧米《おうべい》ではほとんどの場合、家の中でも靴をはいたままでいるのです。私たちにしてみれば、家の中で靴をはいている方が不思議ですよね。私もアメリカに初めて行ったとき、家の中で靴をはいていると、なんとなくくつろげなかったことを覚《おぼ》えています。

さて、みなさんの家を訪《おとず》れた外国人に、「靴を脱いでください」とお願《ねが》いすると、どうなると思いますか？　実はここからが問題なのです。靴を脱いではくれるのですが、ほとんどの人は玄関の土間で靴を脱いで、そのまま土間を歩いてしまいます。中には玄関に入る前に靴を脱いでしまって、靴を手にして靴下のままで歩いて来てしまう人もいます。なぜこういうことが起こるのでしょうか？　それは、靴を脱ぐ意味がよく理解《りかい》できていないからなのです。外からの泥《どろ》や汚《よご》れで家の床《ゆか》や畳《たたみ》を汚さないために靴を脱いでください、と説明《せつめい》しておいて、まずはみなさんがどのように靴を脱ぐのかお手本を見せてあげてください。そうすればきっとうまくいくと思います。

　では、なぜ日本では床や畳を汚すことを気にするのか、考えてみたことはありますか？　それは、日本人にとって家の床や畳は、じかにお茶を置《お》いたり、座《すわ》ったり、さらには布団《ふとん》を敷《し》いて眠《ねむ》ったりもするところ、つまり欧米人にとってのテーブルやいすやベッドの上と同じだからなのです。そのように説明すると、なぜ靴下で土間を歩いてはいけないのかがわかってもらえるのです。

日本の家には家具がなかったの？

昔《むかし》の武家屋敷《ぶけやしき》やお城《しろ》の中を案内《あんない》しているときに、必《かなら》ず聞かれる質問《しつもん》があります。それは、

「日本人の家には家具はなかったのか？」

ということです。確《たし》かに、今でこそ私《わたし》たちの家にはソファーやベッド、ダイニングテーブル、洋服ダンスなど、様ざまな家具が置《お》かれていますが、昔の日本の家には、ほとんど家具がなかったのです。座《すわ》るときは座布団《ざぶとん》を出し、寝《ね》るときは押《お》し入れにしまってある布団《ふとん》を敷《し》き、食事をするときも食器《しょっき》はじかに床《ゆか》に置くか、足の付《つ》いた一人用のお盆《ぼん》にのせて床に置いていました。着物もたたんで木の箱にしまっていましたから、洋服ダンスもいりませんでした。今の暮《く》らしから想像《そうぞう》するのは難《むずか》しいですが、昔の日本人は、今よりもずっと持ち物も少なく、とてもシンプルな生活をしていたのですね。外国人にも

すっきりとした室内

家具はほとんどない（京都・桂離宮《かつらりきゅう》：２点とも）

そのように説明《せつめい》すると、「家具が置《お》いてない空間はとてもすっきりしていて、こういう生活もいいいね」と言われることが多いのです。

家はどうやって暖房《だんぼう》をするの？

もうひとつ、日本の昔《むかし》ながらの家を見学すると尋《たず》ねられるのが、

「日本の家は暖房がなかったの？」

ということです。あるとき、高野山《こうやさん》の宿坊《しゅくぼう》（お寺などにある、お坊《ぼう》さんやお参《まい》りに来た人たちのための宿泊施設《しゅくはくしせつ》）にお客様と泊《と》まったことがあります。十一月の末《すえ》でしたが、標高《ひょうこう》の高いところでしたから、玄関《げんかん》に入って靴《くつ》を脱《ぬ》ぐなり、みなさんその床《ゆか》の冷《つめ》たさに驚《おどろ》きました。廊下《ろうか》を歩いて部屋に行く途中《とちゅう》、とても不安そうな顔で、「この家には暖房がないの？」と聞いてきます。部屋に入るとガスストーブが置いてあり、ほっとしたのですが、それでも障子《しょうじ》とふすまで囲《かこ》まれた部屋は暖房効率《こうりつ》がいいとは言えません。でも次の部屋で、

私は部屋の真ん中にすごいものを発見したのです。それはこたつでした。さっそくこたつの使い方を教えて、足を伸《の》ばして座《すわ》ってもらいました。こたつの中は期待どおりにぽかぽかで、みなさん大喜《おおよろこ》びとなりました。それ以来《いらい》こたつは、部屋全体を暖房する代わりに体をじかに温めてくれる、日本の生んだ最高《さいこう》の省《しょう》エネ暖房として外国人の話題の的《まと》になりました。

日本人の宗教《しゅうきょう》はなんですか?

「日本人はどんな宗教を信《しん》じていますか?」

とは、よく聞かれる質問《しつもん》です。また神社やお寺に行き、

「ここにはどんな神様が祭られているのですか?」

ともよく聞かれます。

「神社は日本古来の神道《しんとう》の神様を祭るところですが、お寺はインドで始まった仏教《ぶっきょう》の施設《しせつ》で仏像《ぶつぞう》を拝《おが》むところです」

と説明《せつめい》するのですが、そうすると必《かなら》ず聞かれるのが、

「日本人は二つの別《べつ》の宗教《しゅうきょう》を信《しん》じているのですか？　どちらの信者《しんじゃ》が多いのですか？」

ということです。それに対し、

「文部科学省《しょう》の『宗教統計調査《とうけいちょうさ》』（二〇一四年度）によると、日本人の約《やく》七十二パーセントが神道《しんとう》、約六十八パーセントが仏教《ぶっきょう》を信仰《しんこう》しているそうです。つまりほとんどの日本人は両方とも信じているのです。そして赤ちゃんのお宮参《みやまい》り、七五三、結婚式《けっこんしき》などは神社で行いますが、葬式《そうしき》は仏教のお坊《ぼう》さんが執《と》り行うことが多いのです。つまり両方とも日本人の生活には必要《ひつよう》な宗教なのです」

と説明します。

みなさんの家にも、もしかしたら、神道の神様を祭る神棚《かみだな》と仏教の仏壇《ぶつだん》の両方があるかもしれません。お寺と神社も建物《たてもの》は似《に》ているので、同じような

神社・お寺・教会・モスク
どんな違《ちが》いが
あるのかな？

神社：八坂《やさか》神社（京都）

お寺：東寺（京都）

モスク：東京ジャーミイ（東京）

教会：大浦天主堂《おおうらてんしゅどう》（長崎《ながさき》）

ところだと思っていた人もいるでしょう。世界の国ぐにでは、日本のように二つの宗教《しゅうきょう》を国民のほとんどが同時に信仰《しんこう》している国はとてもまれです。特《とく》に、イスラム教やユダヤ教のように一神教といって、一つの絶対的《ぜったいてき》な神様を信《しん》じている国の人たちにとっては、日本のように二つの異《こと》なる宗教を同時に信じるという状態《じょうたい》は、想像《そうぞう》がつかないようです。

また、

「日本にはキリスト教徒《きょうと》はいないの？」

ともよく聞かれます。みなさんも知っているように、日本人はキリスト教の行事であるクリスマスが大好《だいす》きで、クリスマスツリーを飾《かざ》ったり、家族でクリスマスケーキを食べたりする家も多いと思います。サンタクロースに手紙を書く人もいるでしょう。ただ、ほんとうにキリスト教を信仰している人となると、実は日本人の一〇〇人に一～二人しかいないのです。

でもこれは日本だけの話ではありません。キリスト教徒が多い欧米《おうべい》の国で

コラム

いろいろな宗教の話が出てきましたので、ここで、神道《しんとう》と仏教《ぶっきょう》そしてキリスト教、イスラム教についてまとめてみましょう。

神道・仏教・キリスト教・イスラム教の違《ちが》い

	創始者《そうししゃ》	教《きょう》 典《てん》	信じる対象《たいしょう》	世界の信者数《しんじゃすう》
神道	—	—	自然《しぜん》や自然現象《げんしょう》、神話の神々など	およそ1億人《おくにん》
仏教	シャカ	仏典《ぶってん》・経典	仏陀《ぶっだ》	およそ4億人
キリスト教	イエス	新約聖書《しんやくせいしょ》・旧約《きゅうやく》聖書	ヤハウェ	およそ20億人
イスラム教	ムハンマド	コーラン	アッラー	およそ16億人

も、毎週日曜日に教会に行く熱心《ねっしん》な信者《しんじゃ》は減《へ》ってきていて、クリスマスや行事のときにだけ、信者であることを思い出す人も増《ふ》えてきているそうです。

なぜ日本には太った人がいないの？

「日本に太った人がいないのは、なぜ？」

ともよく聞かれます。日本人から見れば、それなりに太めの人もいるし、若《わか》い女性《じょせい》はもっとやせたいと思っている人が多いようですが、それでも確《たし》かにびっくりするほど肥満《ひまん》の人はあまり見かけません。特《とく》にアメリカでは最近《さいきん》、肥満が社会問題にもなっていて、高カロリーのハンバーガーやポテトフライ、それに甘《あま》い炭酸飲料《たんさんいんりょう》などがその原因《げんいん》だとされ、食事の見直しが話題になっています。ですから、太った人が少ない日本人を見て、いったいなにを食べているのだろうと不思議《ふしぎ》に思うようです。

和食が人気になっているのも、魚や野菜《やさい》、豆腐《とうふ》やみそなど、健康的《けんこうてき》な食材《しょくざい》を使っていることが大きな原因です。ですから、日本人にあまり太っている人がいないのは、和食を食べているからだと外国人は考えています。私《わたし》自身も、「あなたは家でなにを食べているの？」といつも聞かれます。あまりにもよく聞かれるので、試《ため》しに家で食べた食事を一週間分写真に撮《と》って見せたこともあります。

逆《ぎゃく》に大きな体のお相撲《すもう》さんを見ると、

「どうして日本人なのに、あんなに体重を増《ふ》やせるの？」

と質問《しつもん》してきます。これに対しては、お相撲さんの一日のスケジュールを説明《せつめい》し、朝ごはんを食べずに早朝から昼前まで厳《きび》しい稽古《けいこ》をして、すっかりおなかがすいたときに大量《たいりょう》で栄養価《えいようか》の高い昼ご飯《はん》を食べる習慣《しゅうかん》があることを話します。そして、空腹時《くうふくじ》に大量に栄養を摂取《せっしゅ》すると、体がそれを脂肪《しぼう》に変《か》えて蓄《たくわ》えようとするから、早く太ることができるのだそうですと説明すると、それを聞いたお客様たちは、

「これまで、太らないように朝ご飯《はん》を抜《ぬ》いていたけれど、明日からちゃんと食べなくては」

と大笑《おおわら》いしていました。

マスクは誰《だれ》のため?

成田国際《なりたこくさい》空港に着くなり、空港にいる日本人の多くがマスクをしているのを見て、

「日本には、なにか悪い病気がはやっているの?」

と心配そうに聞かれたことがあります。私《わたし》が、

「いいえ、今ちょうど花粉症《かふんしょう》の季節《きせつ》なのでその予防《よぼう》のためだと思います」

と答えると、ほっとした顔になります。外国ではマスクをするのは、お医者さんだけという国が多く、日本のように大勢《おおぜい》の人がマスクをしているのを見るのは珍《めずら》しいのだそうです。

また、アレルギー以外《いがい》でも日本では、かぜなどをひいた人が、他人にうつすのを心配してマスクをつけることが多いですが、これも外国人には驚《おどろ》かれます。ほとんどの外国人は、他人から病気をうつされないようにマスクをしているのだ、と考えるようなのです。

「日本人ってとても気配りがあるのね」

と感心されます。私は、日本では満《まん》員《いん》電車に乗ることも多いので、ほかの人の前でせきやくしゃみをすることを気づかうようになったのでしょう、と答えています。

マスクでパチリ！

最近《さいきん》、おもしろいことがありました。お客様全員が薬局でマスクを買って、全員でそれをつけて記念《きねん》写真を撮《と》ったのです。

「マスクはすごく日本らしいからね！」

と、みなさんはしゃいでいました。

なぜおはしを使うの？

「日本人はなぜおはしを使うの？」

これも、よく聞かれる質問《しつもん》です。聞かれてみて、さてなぜだろうと考えたのですが、同時に、世界でおはしを使う国はどのくらいあるのだろうかという疑問《ぎもん》がわきました。そこであるとき調べてみたところ、日本以外でも、中国、韓国《かんこく》、台湾《たいわん》、タイ、ベトナムなど多くのアジアの国で使われていることがわかりました。しかし意外だったのは、それらの国ぐにはみな、おはしと一緒《いっしょ》にスプーンも使っていて、なんと、伝統的《でんとうてき》にはしか使わないのは日本だけだったのです。

では、なぜ日本人はおはしだけで食事ができるのでしょうか？　その理由の一つは、日本で仏教《ぶっきょう》が広まってから明治《めいじ》のはじめまで、一般《いっぱん》の日本人は肉を食べるのをやめ、魚、野菜《やさい》、お米を主な食料《しょくりょう》にしていたことがあるようです。肉を食べないので、肉を切り分けるためのナイフがいりません。魚の骨《ほね》から身をとって食べるにはナイフやフォークよりはしのほうが便利《べんり》です。しかも日本人が食べているお米は、タイなどで食べられている細長いお米と違《ちが》って粘《ねば》り気があるので、スプーンですくわなくても食べられます。また汁物《しるもの》を飲むときに、スプーンを使わず、おわんに口をつけて飲むのも、日本の特徴《とくちょう》です。

このように、外国人に、これまで当たり前すぎて考えたこともないような質問《しつもん》をされたことで、日本の食生活の特徴について考えることができました。

めんを食べるときに音を立てるのはマナー違反《いはん》？

お客様とツアー中に食べるお昼ごはんで一番多いのが、そば、うどん、ラーメンなどのめん類《るい》です。日本中どこに行ってもおそば屋さんやラーメン屋さんはすぐに見つかりますし、手早く安価《あんか》に食べられるからです。なにより、めん類は、大体どこで食べてもおいしさに差《さ》がないことも安心しておすすめできる理由です。外国人もめん類が大好《だいす》きな人が多く、一回食べるとまた食べたいと言われることが多いのです。めん類を食べているとき、必《かなら》ず聞かれることがあります。

「なぜ日本人は音を立ててめんを食べるの？」

ということです。欧米《おうべい》でもスパゲッティなどのめん類を食べますが、音を立てて食べることはありません。スープを食べるときも、音を立てることはお行儀《ぎょうぎ》が悪いと、子どものころから注意されることなのだそうです。ですから一緒《いっしょ》に入ったおそば屋さんで、周《まわ》りに座《すわ》った日本人がおいしそうに大きな音を立てておそばを食べているのを見ると、びっくりするのだそうです。日本人は礼儀正《れいぎ》しいと感心していたからこそ、そのギャップに驚《おどろ》くようです。

この質問《しつもん》に答えるのはとても難《むずか》しいのです。いろいろな説《せつ》が言われていますが、

「アツアツの汁《しる》に入っためんを食べるとき、音を立てながら勢《いきお》いよくすすりあげることで、熱《あつ》さをあまり感じなくなるから」

という説や、

「勢いよく音を立てて食べることで、いかにもおいしそうに感じられるから」

などの説を紹介《しょうかい》しています。すると、お客様はみなさん、うれしそうに日本人のまねをしてめんを食べ始めます。「郷《ごう》に入りては郷に従《したが》え」ということわざは世界中にあるようで、英語《えいご》では「ローマに行ったら、ローマ人と同じことをしよう」と言います。「日本に来たのだから、日本人と同じことをしよう」と彼《かれ》らは考えているようです。

ズルズル

3　違《ちが》うからおもしろい、違うからもっと知りたくなる

ここまで、外国人が驚《おどろ》く、日本と外国との違いを紹介《しょうかい》してきました。自分たちの習慣《しゅうかん》とは違うことを見たり、体験《たいけん》したりすると、最初《さいしょ》は戸惑《とまど》いますが、いったんその理由を知ると、外国人も納得《なっとく》して受け入れてくれます。私も最初にアメリカに行ったときには、なぜ部屋の中でも靴《くつ》をはいているのだろうかと不審《ふしん》に思ったり、肉の量の多い食事になれずに困《こま》ったりしたこともあります。しかし、私が出会ったアメリカ人は、英語《えいご》もあまり上手でなく、習慣や食べ物の違いに戸惑っていた私をとても親切に受け入れ、「あなたの国、日本のことを知りたいから話して」と質問《しつもん》してくれました。そのときに、なぜ日本とアメリカはこんなに違うのだろうと考えたことが、とてもおもしろかったことを覚《おぼ》えています。

日本へ来る外国人も、私と同じように、日本へ来たら日本人と同じものを食べ、同じことをしてみたいと期待《きたい》しているのだと思います。違うからこそおもしろく、違うからこそもっとその国のことを知りたくなるのでしょう。

みなさんも、将来《しょうらい》外国を訪《おとず》れる機会《きかい》がきっとあると思います。言葉の違いだけでなく、様ざまな文化や習慣の違いに驚くことも多いでしょう。そのまま受け入れたらいいのかいけないのか、迷《まよ》うこともあると思います。そんなときには、「日本のほうがいい」、または「外国のほうがいい」などと決めつけてしまわずに、まずは、どうしてこんなに違うのだろうと理由を想像《そうぞう》してみてください。そして、わからなかったら、現地《げんち》の人に質問してみましょう。もしかしたらその人たちにとっては、当たり前すぎてきちんとは説明《せつめい》できないこともあるかもしれません。それでもみなさんが質問をすることで、みなさんがその国の文化や習慣に気づき、関心《かんしん》を持っていることを喜《よろこ》んでくれると思います。そして、本人は答えられなくても、友人や知り合いに質問して、なんとかみなさんに説明《せつめい》してあげようとするかもしれません。

違《ちが》いに気づき、関心《かんしん》を持つことは、相手の文化を尊重《そんちょう》することですから、きっとみなさんとその国の人たちの間の信頼感《しんらいかん》が増《ま》していくことでしょう。みなさんの質問《しつもん》をきっかけに、日本に興味《きょうみ》を持つ人たちが増《ふ》えて、日本ファンを増やすきっかけになるかもしれません。

まずは違いに気づき、関心を持つことが大切（座禅体験《ざぜんたいけん》）

第4章 日本を知ろう、言葉を学ぼう

1　日本のことを伝《つた》えよう

みなさんも、これから外国の人たちに出会う機会《きかい》がたくさんあると思います。海外に行かなくても、あなたの住む町や学校に外国人が来ることもあるでしょう。あなたの住む町や日本のこと、そして外国とは違《ちが》う日本の習慣《しゅうかん》などについて聞かれることもあると思います。そんなとき、みなさんがしっかり日本のことを紹介《しょうかい》できたなら、きっと話が弾《はず》み、お互《たが》いの理解《りかい》が深まることでしょう。あなたは、日本のことをどれだけ説明《せつめい》できますか？　日本はどんな国だと思いますか？

日本はどんな国？

「日本はどんな国？」

と外国人に聞かれたら、あなたはまずなんと答えるでしょうか？

「日本は小さな国」

と答える人が多いのではないかと思います。日本は、確《たし》かに中国やアメリカなどと比《くら》べると国土の小さな国です。世界一国土の広いロシアの四十五分の一、中国やアメリカの二十五分の一の大きさしかありません。ただ、日本より小さい国も私《わたし》たちの想像以上《そうぞういじょう》にたくさんあります。たとえば、私たちがイギリスと呼《よ》ぶ英国《えいこく》やドイツなどヨーロッパの多くの国ぐには、日本より面《めん》積《せき》が小さいのです。ちなみに日本の国土の大きさは、世界の二四四か国中六十二位《い》なのです。


次にみなさんが思いつくことは、「人口が多い」ということかもしれません。これも正しい答えです。二〇一五年現在《げんざい》、日本の人口は約《やく》一億《おく》二七〇〇万人で、世界十位なのです（「世界の統計《とうけい》2015」総務省《そうむしょう》）。私は外国人には、日本の国土は世界の国土の〇・二八パーセント、そこに世界の人口の約一・八はアメリカ人には、「日本はカリフォルニア州より小さな国で、そこに、アメリカの人口の約《やく》四十パーセントが住んでいます」と答えています。

もう気がついた人もいると思いますが、外国人に日本のことを説明するときには、相手の国と比較《ひかく》して話すとわかりやすいのです。みなさんも、外国に行ったときに、「国土面積《めんせき》は○○平方キロメートルです」と言われただけでは、広いのか狭《せま》いのか見当がつかないと思います。

それではここで、日本を紹介《しょうかい》するときに役立つ基本的《きほんてき》な情報《じょうほう》を、イギリス、アメリカ、中国と比較してお見せしましょう。次のページを見てください。

この比較図から、みなさんは、日本をどのように説明できるでしょうか？日本はほかの三国と比《くら》べて、国土の割《わり》に人口が多く、しかも山や森が多いため、人が住むのに適《てき》した平野が少ない。だからほかの三国に比べて、狭《せま》いところに大勢《おおぜい》の人が住んでいるということがよくわかると思います。

日本とイギリス・アメリカ・中国を比べよう（国土と人口）

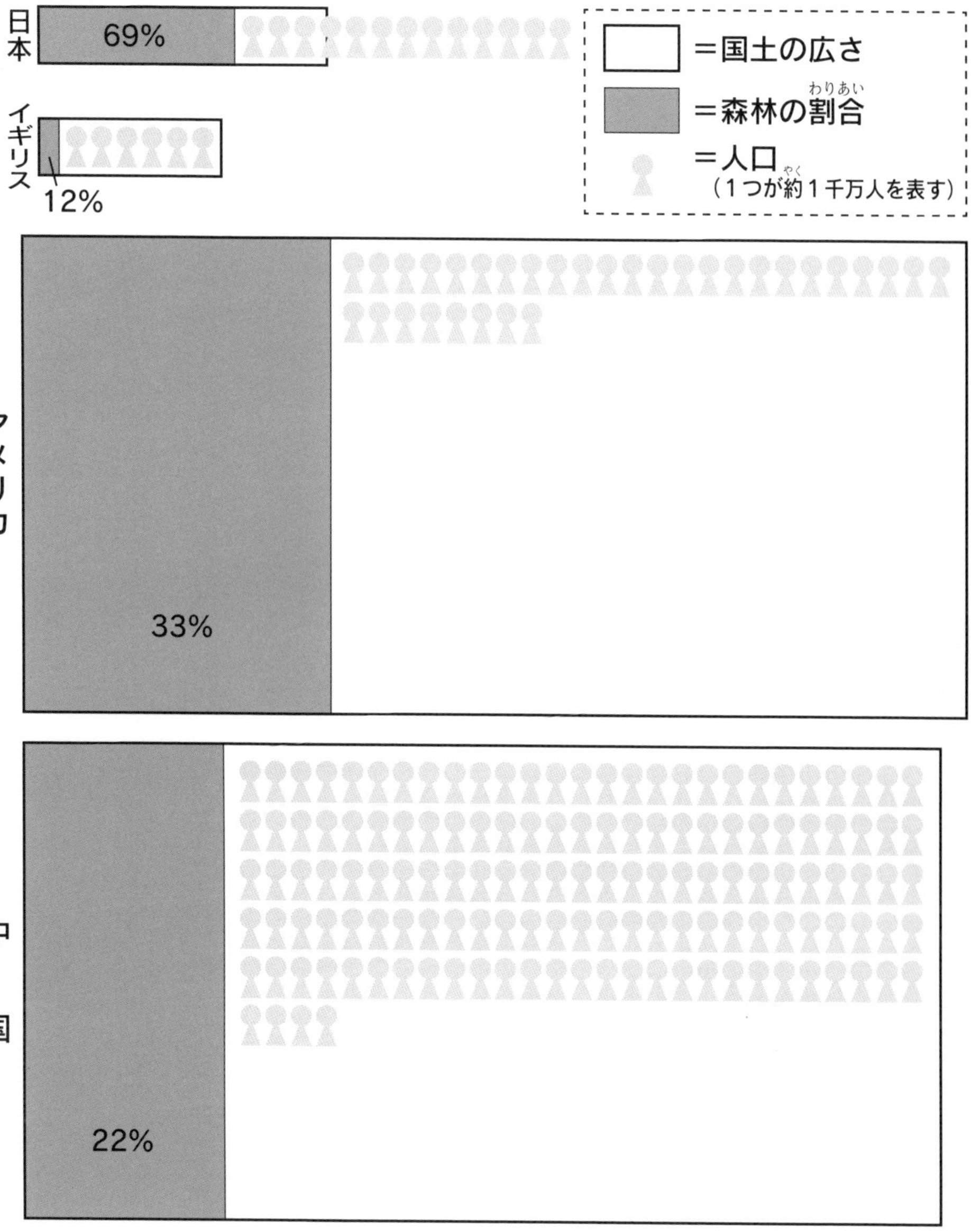

出典：「世界の統計 2015」総務省統計局より作成

もっと日本を紹介《しょうかい》しよう

国の広さや人口などをほかの国と比較《ひかく》して、日本の形が見えてきたと思います。それでは外国人は、ほかにはどんなことを知りたがっているのでしょうか？　それは人びとの生活についてです。まずよく聞かれるのが、「日本人は長生きなの？」、「子どもは多いの？」、「お年寄《としよ》りが多い国なの？」、「日本の子どもは何年間学校に行くの？」、「日本は物の値段《ねだん》が高いけれど、どのくらいの収入《しゅうにゅう》があるの？」といった質問《しつもん》です。みなさんはこうしたことを考えてみたことがありますか？　でも、きっとみなさんも外国に行ったときには、同じように、この国の人たちはどんな暮《く》らしをしているのだろうか？　日本と比《くら》べてどうなのだろうか？　と興味《きょうみ》を持つことと思います。それではこうした質問も、ほかの三つの国と比べてみましょう。次ページの表を見てください。

日本とイギリス・アメリカ・中国を比べよう（生活）

	日本	イギリス	アメリカ	中国
平均寿命《へいきんじゅみょう》※1	男80歳《さい》、女87歳	男79歳、女83歳	男76歳、女81歳	男74歳、女77歳
1人の女性《じょせい》が産《う》む子どもの数※2	1．4人	1．9人	2．0人	1．7人
65歳《さい》以上《いじょう》の人の割合《わりあい》※3	25.1%	17.5%	14.0%	8.9%
義務《ぎむ》教育の年数※4	9年間	11年間	州や学区によって異《こと》なるが、9～10年とする州が多い	9年間
国民所得《しょとく》／年（米ドル換算《かんさん》）※5	34,516ドル	34,120ドル	44,456ドル	―

※1「World Health Statistics 2015（世界保健統計 2015）」WHO、2015
※2「World Health Statistics 2015（世界保健統計 2015）」WHO、2015
※3「World Development Indicators」WHO、2013
※4　外務省ホームページ、2015
※5「国民経済計算確報」内閣府経済社会総合研究所、2012

どうでしょうか？　ほかの国と比べてみることで、日本のことがよくわかるようになったと思いませんか？　もっといろいろと調べて、ほかの国と比べてみてください。

2　直接《ちょくせつ》話すからこそ、伝《つた》わること

世界の人たちと近づく第一歩

日本のことを紹介《しょうかい》できる自信《じしん》がついてきたでしょうか？　あとはそれを伝える言葉を学ぶことですね。世界には数千の言語があるそうですが、その中で一番多くの人に話されている言葉は中国語です。これは中国の人口が約《やく》十四億人《おくにん》と圧倒的《あっとうてき》に多いからです。その次に話されているのが英語《えいご》で、英語を話している人は約五億人だそうです。話す人の数では英語は世界第二位《い》ですが、英語を公用語として使っている国の数は約六十か国で、中国語を抜《ぬ》いて第一位です。また、インターネットでもっとも使われている言葉も英語なのです。ですから、みなさんが学校で英語を学ぶことは、より多くの世界の人たちと近づくための、最初《さいしょ》の一歩になることでしょう。

Hello!
こんにちは!
Hola!
Bonjour!
你好!

英語《えいご》はどんどん使ってみよう

「日本を外国人に英語で紹介《しょうかい》してみましょう！」

というと、みなさんはきっと、

「とんでもない。まだあまり単語《たんご》も知らないし、文法《ぶんぽう》も日本語と違《ちが》うようで難《むずか》しそう、いつまでたってもできっこない……」

と首を振《ふ》るかもしれません。たしかに先ほどから私《わたし》がお話ししているような日本のことを、すべてきちんと英語で話すのには、まだ時間がかかるかもしれません。

でも、私が観光地《かんこうち》で出会った修学《しゅうがく》旅行の中学生たちは、きちんと自分たちで、外国人にいろいろな質問《しつもん》をしていました。最後《さいご》にはみんなで仲良《なかよ》く写真を撮《と》り合うこともできました。なにより、外国人のお客様をあんなにうれしい気持ちにさせることができたのです。あの中学生たちはきっと、修学旅行

の前に、自分たちが作った外国人への質問を、何回も読み上げたり、お互《たが》いに質問し合ったりして練習してきたに違いありません。その熱心《ねっしん》な気持ちが、外国人の心に響《ひび》いたのだと思います。

完《かん》ぺきに話せなくてもいいのです。いつか来るその日のために、みなさんも今から、英語で、自分や日本人のことを話せるように練習を始めてみませんか？

3　言葉を学ぶと、世界が広がる

英語《えいご》をかんたんに話せる方法《ほうほう》

私《わたし》が通訳《つうやく》ガイドをしていると知ると、大勢《おおぜい》の人たちから聞かれる質問《しつもん》があります。それは、

「なにか、英語をかんたんに話せるようになる方法はないですか？」

という質問です。それを聞かれるたびに、私はいつもこう答えます。

「いいえ、言葉の勉強にかんたんな道はありません」

と。世の中には、寝《ね》ながら聞くだけで英語が話せるようになる教材《きょうざい》とか、様ざまな英語学習教材が売られているので、なにかかんたんな方法があるのではないかと期待するのでしょう。でもやはり答えはノーなのです。

ただ、コツはあるのです。それは、なにより「話したいことを持つこと」

なのです。意外に思う人もいると思いますが、実はこれがなにより効果的《こうかてき》な英語学習のコツなのです。なんのために英語を勉強するかわからないまま、試験《しけん》のためだけに無理やり単語《たんご》を覚《おぼ》えようとしても、それでは試験が終わったとたんに忘《わす》れてしまうでしょう。それに比《くら》べて、たとえば、あの修学《しゅうがく》旅行の中学生のように、「外国人に会ったらあれも聞きたい、これも聞きたい」と心に決めたなら、きっと練習が楽しくなるに違《ちが》いありません。

みなさんも、いつか外国人と話す機会《きかい》があったなら、と想像《そうぞう》しながら、勉強してみませんか？　かんたんなあいさつだけでもいいのです。まずは思い切って「ハロー！」と言ってみましょう。そしてその次は、「ハロー、ハワユー？」に挑戦《ちょうせん》です。スマイルの練習も忘れないでください。きっと相手もにっこり答えてくれるでしょう。一歩一歩、楽しみながら、次はなにを話そうか、聞いてみようかと想像しながら、新しい単語や言い方を増《ふ》やしていけばいいのです。

私《わたし》は中学生のとき、私と同じように英語《えいご》の好《す》きな親友と、学校からの帰り道にいつも英語で話をしていました。教科書で習うかんたんな英語だけでしたが、帰り道の間はずっと英語で会話を続《つづ》けることができたことを覚《おぼ》えています。いったいどんな話をどんな英語で話していたのか、今では思い出せませんが、私の英語人生の第一歩だったと思います。

英語の発音練習は楽しく

日本人が英語を学ぶときに一番困《こま》るのが、英語の発音です。逆《ぎゃく》に英語を話す人が日本語を学習するときには、発音にはあまり苦労《くろう》はしないようです。これは、英語の方が種類《しゅるい》の違《ちが》う音がたくさんあるからなのです。日本語にある音のほとんどは、英語にも近い音があるのですが、英語には、日本語にない、しかも発音の難《むずか》しい音がたくさんあるのです。

これはどうすればいいのか。はっきり言ってしまうと、どんどん聴《き》いてま

Which singer do you like?
Arashi?
Smap?
I like Arashi!

ねをしていくしかありません。違《ちが》う音を学ぶ人間の能力《のうりょく》は、小学生のころまでがいちばん高いといわれています。つまり、みなさんぐらいのときに新しい音を聴《き》くことが大切なのです。一番のおすすめの方法《ほうほう》は、英語《えいご》の歌を聴くことだと思います。私《わたし》も高校生のころ、ビートルズというイギリスのグループ歌手の大ファンになり、休みの日には親友とレコードを聴きながら、歌詞《かし》カードを見てまねをしていました。きっとこれが、私の英語の発音の一番の勉強方法だったのだと思います。

当時はただただ楽しくて、まねをしながら歌っていただけなのですが、高校のスキーツアーに行ったときのことです。帰りのバスの中で、私と親友がいつものようにビートルズの歌を小声で歌っていると、後ろの席《せき》から英語の先生の声がしたのです。

「あら、あなたたち英語の発音、いいわね！」

まさか後ろで先生に聞かれているとは知りませんでしたから、驚《おどろ》きましたが、同時にとてもうれしかったことを覚《おぼ》えています。みなさんも、好《す》きな曲を英語で覚えてみることから始めてみるのもいいでしょう。なにより、楽しむことが上達《じょうたつ》のひけつなのです。

外国語を学ぶとわかること

英語の発音が日本語とはとても違うことをお話ししましたが、それ以外《いがい》にも、外国語を学び始めてすぐに気がつくことがあります。それは、文法《ぶんぽう》という言葉のルールが日本語とはまったく異《こと》なるということです。それを覚えることはなかなか大変《たいへん》なので、やる気をなくしてしまうこともあると思います。私も、以前《いぜん》は文法を覚えるのが苦手だったのですが、あるときから、なぜこんなに違うのだろうと考えてみるようになり、それから少しずつ文法も好きになっていきました。

たとえば日本語で目の前にいる友だちに、

「アイスクリームが食べたい」

と言うときには、わざわざ、

「私《わたし》は、アイスクリームが食べたい」

とは言わないほうが自然《しぜん》です。しかし、英語《えいご》では、どんなにわかりきっていても、「私は」という言葉を入れなければならないのです。同様に、お母さんがあなたに、

「夕食になにを作ってほしい？」

とたずねるとしましょう、これも英語では、

「あなたは私に、夕食になにを作ってほしい？」

となるのです。日本語では、会話している相手には説明《せつめい》しなくてもわかっていると思われること、この場合では「私」や「あなた」という言葉は省略《しょうりゃく》するのがふつうですが、英語では抜《ぬ》くことができないのです。一言で言うと、英語はきちょうめんな言語なのです。それに比《くら》べて、日本語はわかり切った

ことは省略することがふつうで、あいまいな表現《ひょうげん》も多く見られます。

なぜそうなのでしょうか？　これにはいろいろな説《せつ》がありますが、一つの理由として、日本が島国であるために、異《こと》なる文化と言語を持つ人たちとの接触《せっしょく》が少なく、あいまいな表現でも誤解《ごかい》が生じる機会《きかい》が少なかったから、というふうに言われています。

このように、それぞれの言語に様ざまな個性《こせい》があることを発見するようになると、その言葉を話す人たちの歴史《れきし》や文化にも興味《きょうみ》がわいてくると思います。そして英語だけでなく、中国語やスペイン語など、ほかの言語も、日本語とはどう違《ちが》うのかな、と関心《かんしん》が広がっていくでしょう。言葉を知ることは、ほかの国の文化を知ることにもなるのです。

言葉を武器《ぶき》に、世界に挑戦《ちょうせん》しよう

通訳《つうやく》ガイドになって良《よ》かったと思えることは、たくさんあります。

なんといっても、自分の言葉で自分の国のことを世界中から訪《おとず》れる人たちに紹介《しょうかい》できることは、大きな喜《よろこ》びです。震災《しんさい》のときに、たくさんのお客様から、勇気《ゆうき》づけのメールや手紙をいただいたときにも、この仕事に就《つ》けてよかったと心から思いました。このようなお客様たちは、日本を訪れ、日本をより深く知り、出会った多くの日本人に親切にしてもらったことで、ますます日本や日本人を好《す》きになってくれたのだと思います。だから、震災で日本が大変《たいへん》なことになっていると知ると、誰《だれ》よりも心を痛《いた》めてくださったのだと思います。ガイドの私だけでなく、きっと、日本で出会った親切な日本人すべてのことを思いやってくださったのでしょう。

日本は、訪れた人がますます好きになってしまう、そんな魅力《みりょく》を持った国です。そんな日本に生まれ、その国と人びとを紹介できる通訳《つうやく》ガイドの仕事ができて、とても幸せだと感じています。

今後は東京オリンピックを控《ひか》えて、日本を訪れる外国人はますます増《ふ》えていくことでしょう。これからは、みなさんの出番です。自分で自分の町や国を代表して紹介するんだという大きな目標《もくひょう》を立てて、想像《そうぞう》をふくらませながら一歩一歩準備《じゅんび》を進めてください。心から期待しています。

おわりに

この本では、私《わたし》がどのようにして通訳案内士《つうやくあんないし》の仕事を選《えら》んだのか、そしてその仕事からなにを学び、なにを感じたかをお伝《つた》えしてきました。

世の中には様ざまな職業《しょくぎょう》があり、きっとみなさんも将来《しょうらい》なにになりたいかを思い浮《う》かべてみることがあると思います。でもその仕事が、自分にほんとうに向いているのか、実現《じつげん》できるのか、不安《ふあん》に思っている人も多いと思います。

だいぶ前のことになりますが、小学校の同窓会《どうそうかい》で、私たちの担任《たんにん》だった先生が、五年生のときに私たちが書いた作文を持ってきて、読ませてくださったことがあります。作文の題は「将来の夢《ゆめ》」でした。私を含《ふく》め、ほとんどの元小学生は、自分がなにを書いたかを覚《おぼ》えていました。私がそのときに書いた〈夢の仕事〉は、「アナウンサー」でした。ほかの人たちの作文も見せてもらいましたが、多かったのが、女性《じょせい》では「花屋さん」、「デザイナー」、「おかしやさん」。男性《だんせい》では「野球選手《せんしゅ》」、「電車の運転手」、「カーレーサー」でした。ただ、出席《しゅっせき》した友人たちの誰《だれ》一人《ひとり》として、そのときの夢の仕事に就《つ》いた人はいませんでした。

でも、私を含めてこのときに作文を読んだ友人たちは、みんなとても幸せそうでした。子どものときに想像《そうぞう》していたものとは違《ちが》っても、自分が選《えら》んだ仕事に誇《ほこ》りを持っているのだなと感じました。

みなさんには、将来なんにでもなれる可能性《かのうせい》があります。これから学校や家庭で新しいことを学び、様ざまな人に出会ううちに、みなさんの将来の夢の形がもっとはっきりと見えてくることでしょう。そして、多くの場合は、夢の形も変《か》わってくることでしょう。反対に、変わらぬ夢を持ち続《つづ》けて、子どものころの夢を実現《じつげん》する人もいるかもしれません。

人間がほかの動物と違《ちが》うのは、「夢《ゆめ》を見る」ことだそうです。

「夢の形は変《か》わっても、みなさんが強く願《ねが》い、努力《どりょく》を続《つづ》ければ、きっと自分で誇《ほこ》らしく思えるところに道が拓《ひら》けていきます」

これが、この本を読んでくださったみなさんへの私《わたし》からのメッセージです。

二〇一五年十二月

松本《まつもと》　美江《よしえ》

空港にて、旅の終わりに

参考図書《さんこう》・ウェブサイト紹介《しょうかい》

英語を学べる本

- **『ロベ先生とはじめてのえいご』**
  クロード・ロベルジュ、河野万里子、小川裕花 著／ marini*monteany 絵
  小峰書店 刊
- **『こども和英じてん ～これって英語でなんていうの？～』**
  田上善浩 編
  ポプラ社 刊
- **『アメリカンキッズ えいご絵じてん』**
  ダニエル・J・ホックステイター 絵／笠井貴征 監修／渡辺雅仁 編訳
  玉川大学出版部 刊
- **『はじめておぼえる ＡＢＣかるた』**
  福田利之 著
  集英社 刊
- **『Tokyo Friends ～トーキョー・フレンズ～』**
  ベティー・レイノルズ 著
  チャールズ・イー・タトル出版 刊
- **『おどろう! つくろう! ＡＢＣ ＤＥ カレー ～ワイルドバンチのノリノリ英語絵本～』**
  みうらまみ 著／アライユミ イラスト
  旺文社 刊
- **『アルファベット絵本』**
  児島なおみ 作・絵
  偕成社 刊
- **『小学生の英語ひろば すぐできる! はじめての英会話』**
  三浦邦子 監修
  学習研究社 刊
- **『みんなあつまれ! 小学生のえいごタイム ～小学校1-3年編』**
  佐藤令子 著
  アルク 刊
- **『みんなあつまれ! 小学生のえいごタイム ～小学校4-6年編』**
  小泉清裕 著
  アルク 刊

世界の国ぐにや英語《えいご》について調べてみよう！

世界のことがわかる本

- 『写真でみる 世界の子どもたちの暮らし ～世界31ヵ国の教室から～』
  ペニー・スミス、ザハヴィット・シェイレブ 編著／赤尾秀子 訳
  あすなろ書房 刊
- 『せかいのひとびと』
  ピーター・スピアー 絵・文／松川真弓 訳
  評論社 刊
- 『ちしきのもり 幸せとまずしさの教室 ～世界の子どものくらしから～』
  石井光太 著
  少年写真新聞社 刊
- 『ダイヤモンドより平和がほしい ～子ども兵士・ムリアの告白～』
  後藤健二 著
  汐文社 刊
- 『世界がよくわかる国旗図鑑』
  講談社 編
  講談社 刊
- 『みるずかん・かんじるずかん―世界のあいさつ』
  長新太 作／野村雅一 監修
  福音館書店 刊
- 『はがぬけたらどうするの？ ～せかいのこどもたちのはなし～』
  セルビー・ビーラー 文／ブライアン・カラス 絵／石川烈 監／こだまともこ 訳
  フレーベル館 刊

世界のことがわかるウェブサイト

- KIDS 外務省 ～地球に生きる君たちへ～
  http://www.mofa.go.jp/mofaj/kids/
- 探検しよう！ みんなの地球
  http://www.mofa.go.jp/mofaj/gaiko/oda/sanka/kyouiku/kaihatsu/chikyu/index.html
- 教えて！ ユニセフ　子どもと先生の広場
  http://www.unicef.or.jp/kodomo/

【著者・イラストレーター紹介】

■ 著者　松本 美江（まつもと よしえ）

同志社大学文学部英文学科卒業。米国コロラド大学にて言語学と英語教授法の修士号を取得。

1977年、通訳案内士試験に合格。現在、通訳案内士試験合格者対象の研修を担当。(協) 全日本通訳案内士連盟理事長。

著書に、『英語で日本紹介ハンドブック』(アルク、2014)、『英語で話す日本の名所』(講談社、2009)、『日本のフシギ英語で解明』(NOVA、2005)、『聞かれて困る外国人の“Why?”』(三修社、2003)、ほか。

■ イラストレーター　タカタ カヲリ

武蔵野美術短期大学生活デザイン学科卒業。デザイナーを経て、フリーイラストレーターに。2004年「第5回ピンポイント絵画コンペ」優秀賞受賞。

著書・挿画に、『ケンちゃんちにきたサケ』(教育画劇、2012)、『ぬくぬくげんき ぼくのたいおん』(少年写真新聞社、2014)、ほか。

イラスト・装丁　タカタ カヲリ

英語でわかる！ 日本・世界

2015年12月30日　初版第1刷発行

著　者　松本 美江

発行人　松本 恒

発行所　株式会社 少年写真新聞社

〒102-8232　東京都千代田区九段南4-7-16 市ヶ谷KTビルI

Tel（03）3264-2624　Fax（03）5276-7785

http://www.schoolpress.co.jp

印刷所　図書印刷株式会社

ISBN 978-4-87981-551-4　C8095 NDC360

ちしきのもり

『みんなが知りたい 放射線の話』 谷川勝至 文

『巨大地震をほり起こす
大地の警告を読みとくぼくたちの研究』 宍倉正展 文

『知ろう！ 再生可能エネルギー』 馬上丈司 文　倉阪秀史 監修

『500円玉の旅　お金の動きがわかる本』 泉 美智子 文

『はじめまして モグラくん
なぞにつつまれた小さなほ乳類』 川田伸一郎 文

『大天狗先生の㊙妖怪学入門』 富安陽子 文

『町工場のものづくり　－生きて、働いて、考える－』
小関智弘 文

『本について授業をはじめます』 永江 朗 文

『どうしてトウモロコシにはひげがあるの？』 藤田智 文

『巨大隕石から地球を守れ』 高橋典嗣 文

『「走る」のなぞをさぐる
～高野進の走りの研究室～』 高野進 文

『幸せとまずしさの教室』 石井光太 文

『和算って、なあに？』 小寺裕 文

以下、続刊

【語源】ズボン：フランス語の jupon（ジュポン）からきている。英語では trouse